高等教育工业设计专业系列实验教材

设计色彩
DESIGN COLOR
感知、表达与应用
PERCEPTION,EXPRESSION AND APPLICATION

刘畅 潘荣 主编

中国建筑工业出版社

图书在版编目（CIP）数据

设计色彩：感知、表达与应用／刘畅，潘荣主编. —北京：中国建筑工业出版社，2019.5（2023.12重印）

高等教育工业设计专业系列实验教材

ISBN 978-7-112-23486-8

Ⅰ. ①设…　Ⅱ. ①刘…　②潘…　Ⅲ. ①色彩学－高等学校－教材　Ⅳ. ①J063

中国版本图书馆CIP数据核字（2019）第050076号

责任编辑：贺　伟　吴　绫　唐　旭　李东禧
书籍设计：钱　哲
责任校对：姜小莲

本书附赠配套课件，如有需求，请发送邮件至cabpdesignbook@163.com获取，并注明所要文件的书名。

高等教育工业设计专业系列实验教材

设计色彩　感知、表达与应用
刘畅　潘荣　主编
＊
中国建筑工业出版社出版、发行（北京海淀三里河路9号）
各地新华书店、建筑书店经销
北京锋尚制版有限公司制版
北京中科印刷有限公司印刷
＊
开本：850×1168毫米　1/16　印张：7½　字数：169千字
2019年6月第一版　　2023年12月第二次印刷
定价：**53.00元**（赠课件）
ISBN 978-7-112-23486-8
　　　　（33785）

"高等教育工业设计专业系列实验教材" 编委会

主　　编　潘　荣　叶　丹　周晓江

副 主 编　夏颖翀　吴　翔　王　丽　刘　星　于　帆　陈　浩　张祥泉　俞书伟　王　军
　　　　　　傅桂涛　钱金英　陈国东

参编人员　陈思宇　徐　乐　戚玥尔　曲　哲　桂元龙　林幸民　戴民峰　李振鹏　张　煜
　　　　　　周妍黎　赵若轶　骆　琦　周佳宇　吴　江　沈翰文　马艳芳　邹　林　许洪滨
　　　　　　肖金花　杨存园　陆珂琦　宋珊琳　钱　哲　刘青春　刘　畅　吴　迪　蔡克中
　　　　　　韩吉安　曹剑文　文　霞　杜　娟　关斯斯　陆青宁　朱国栋　阮争翔　王文斌

参编院校　江南大学　　　　　　东华大学　　　　　　浙江农林大学
　　　　　　杭州电子科技大学　　中国计量大学　　　　浙江工业大学之江学院
　　　　　　浙江工商大学　　　　浙江理工大学　　　　杭州万向职业技术学院
　　　　　　南昌大学　　　　　　江西师范大学　　　　南昌航空大学
　　　　　　江苏理工学院　　　　河海大学　　　　　　广东轻工职业技术学院
　　　　　　佛山科学技术学院　　湖北美术学院　　　　武汉理工大学
　　　　　　武汉工程大学邮电与信息工程学院

总 序
FOREWORD

仅仅为了需求的话，也许目前的消费品与住房设计基本满足人的生活所需，为什么我们还在不断地追求设计创新呢？

有人这样评述古希腊的哲人：他们生来是一群把探索自然与人类社会奥秘、追求宇宙真理作为终身使命的人，他们的存在是为了挑战人类思维的极限。因此，他们是一群自寻烦恼的人，如果把实现普世生活作为理想目标的话，也许只需动用他们少量的智力。那么，他们是些什么人？这么做的目的是为了什么？回答这样的问题，需要宏大的篇幅才能表述清楚。从能理解的角度看，人类知识的获得与积累，都是从好奇心开始的。知识可分为实用与非实用知识，已知的和未知的知识，探索宇宙自然、社会奥秘与运行规律的知识，称之为与真理相关的知识。

我们曾经对科学的理解并不全面。有句口号是"中学为体，西学为用"，这是显而易见的实用主义观点。只关注看得见的科学，忽略看不见的科学。对科学采取实用主义的态度，是我们常常容易犯的错误。科学包括三个方面：一是自然科学，其研究对象是自然和人类本身，认识和积累知识；二是人文科学，其研究对象是人的精神，探索人生智慧；三是技术科学，研究对象是生产物质财富，满足人的生活需求。三个方面互为依存、不可分割。而设计学科正处于三大科学的交汇点上，融合自然科学、人文科学和技术科学，为人类创造丰富的物质财富和新的生活方式，有学者称之为人类未来"不被毁灭的第三种智慧"。

当设计被赋予越来越重要的地位时，设计概念不断地被重新定义，学科的边界在哪里？而设计教育的重要环节——基础教学面临着"教什么"和"怎么教"的问题。目前的基础课定位为：①为专业设计作准备；②专业技能的传授，如手绘、建模能力；③把设计与造型能力等同起来，将设计基础简化为"三大构成"。国内市场上的设计基础课教材仅限于这些内容，对基础教学，我们需要投入更多的热情和精力去研究。难点在哪里？

王受之教授曾坦言："时至今日，从事现代设计史和设计理论研究的专业人员，还是凤毛麟角，不少国家至今还没有这方面的专业人员。从原因上看，道理很简单，设计是一门实用性极强的学科，它的目标是市场，而不是研究所或书斋，设计现象的复杂性就在于它既是文化现象同时又是商业现象，很少有其他的活动会兼有这两个看上去对立的背景之双重影响。"这段话道出了设计学科的某些特性。设计活动的本质属性在于它的实践性，要从文化的角度去研究它，同时又要从商业发展的角度去看待它，它多变但缺乏恒常的特性，给欲对设计学科进行深入的学理研究带来困难。如果换个角度思考也许会有帮助，正是因为设计活动具有鲜明的实践特性，才不能归纳到以理性分析见长的纯理论研究领域。实践、直觉、经验并非低人一等，理性、逻辑也并非高人一等。结合设计实践讨论理论问题和设计教育问题，对建设设计学科有实质性好处。

对此，本套教材强调基础教学的"实践性"、"实验性"和"通识性"。每本教材的整体布局统一为三大板块。第一部分：课程导论，包含课程的基本概念、发展沿革、设计原则和评价标准；第二部分：设计课题与实验，以 3~5 个单元，十余个设计课题为引导，将设计原理和学生的设计思维在课堂上融会贯通，课题的实验性在于让学生有试错容错的空间，不会被书本理论和老师的喜好所限制；第三部分：课程资源导航，为课题设计提供延展性的阅读指引，拓宽设计视野。

本套教材涵盖工业设计、产品设计、多媒体艺术等相关专业，涉及相关专业所需的共同"基础"。教材参编人员是来自浙江省、江苏省十余所设计院校的一线教师，他们长期从事专业教学，尤其在教学改革上有所思考、勇于实践。在此，我们对这些富有情怀的大学老师表示敬意和感谢！此外，还要感谢中国建筑工业出版社在整个教材的策划、出版过程中尽心尽职的指导。

叶丹　教授
2018 年春节

前言
PREFACE

自然界的色彩既绚丽多姿又浑然天成，无论是摄影还是绘画，对景物的选择与取舍本就是再造的过程。画家与设计师都在用自己的语言来表达他们内心世界与自然的关系，或写实，或抽象，或充满无限创意。自然景物是客观固定的，但进入我们的生活中、反映在我们的画面中、体现在我们的设计中会是千差万别的。而生活中的产品、服装、建筑、室内装饰等这些既时尚又赋予创意的形态和颜色关系都是设计出来的。因此色彩的表达与应用是艺术与设计、美感与实用的结合体。

设计色彩这门课程，作为艺术设计各类专业的专业必修课程的先导课程，是连接基础课程和专业设计课程之间的纽带之一。而设计师需要利用色彩的语言进行设计，借助色彩与形态向外界传达设计者的思想与创意，因此，色彩的学习对于艺术设计专业有着极其重要的作用。本书中强调利用形态、色彩、材料等作为训练媒介来提高学习者的色彩感知力、表达能力以及养成创意的习惯；同时也是给予学习者在从事具有技能性与创意性的设计工作之前，所应有的基础奠定。虽然它不是直接的设计产品，只是有关色彩的基础研究与表达和配色训练，但却是培养掌握色彩使用与设计方法的必要途径。因此，本书目标就从感知方法和应用方法上帮助学习者了解如何从色彩基础训练导入相关具体应用，逐步完成从基础到设计的过渡，掌握进入设计色彩之门的钥匙，使学生在创造意识、动手能力方面具有一定的能力。

本教材整体分为三部分，以介绍设计色彩的基础知识、表现方法、实践应用为主要内容。全书主要从课题实践入手，注重课题内容的训练实用性，在解决课题的过程中导出所应用的理论加以阐述，将概念打散融入到方法、体验、应用环节，使其环环相扣，并围绕大量的作业案例加以分析说明，强调视觉感官的学习与体会，整体注重理论的易懂性与课题训练的实践性、可操作性和导向性。

本书的编写几经波折，能够顺利撰写得到了潘荣教授不断鼓励、督促与帮助，让我得以最终完成，在此向潘荣教授致以最诚挚的感谢！还要感谢中国建筑工业出版社李东禧、吴绫两位主任提供的机遇和支持；感谢贺伟编辑的耐心指导，感谢提供作品的陈旭、盛焰焰、邢伟、周欣怡、陈姝颖等多位应往届同学，在此一并表示衷心的感谢。此外本书的编写得到浙江省教育厅课题《基于传统竹制文化产品的双轨制设计模式研究》资助（编号 Y201737972）。

本书是对作者多年教学实践的部分总结，由于学术水平有限，书中难免存在一些问题与不足，不完善之处请诸位读者给予谅解，并批评指正。

刘畅

2018 年 12 月

课时安排
TEACHING HOURS

■ 建议课时 72

课程	具体内容		课时
设计色彩的 概念与体系 （24课时）	色彩基础概念	课题实践 1　认识色彩	8
		课题实践 2　色彩属性认知——用要素绘画	
	色彩关系认知 ——对比与调和	课题实践 1　色调关系感知 1——对比与统一	8
		课题实践 2　色调关系感知 2——调和与变化	
	色彩心理表达 ——情感与知觉	课题实践 1　色彩情感传达	8
		课题实践 2　色彩的联想与象征	
		课题实践 3　视、听、味——色彩的知觉再现	
设计色彩的 学习方法与表现 （24课时）	设计色彩学习方法 ——采集与归纳	课题实践 1　自然色彩的启示	6
		课题实践 2　传统文化色彩采集	
		课题实践 3　民族文化色彩采集	
	设计色彩的风格与表现 ——写实与装饰	课题实践 1　色彩写实性归纳训练	6
		课题实践 2　色彩装饰性训练	
	设计色彩的创意表达 ——解构与意象	课题实践 1　同大师对话	6
		课题实践 2　意象色彩表现	
	材料色彩的运用 ——肌理与材料		6
色彩的采集 应用与配色实训 （24课时）	产品设计中的色彩应用		24
	服装设计中的色彩应用		
	箱包、鞋帽设计中的色彩应用		
	建筑、店面、室内设计中的色彩应用		

目 录
CONTENTS

01

第 1 章　设计色彩的概念与体系

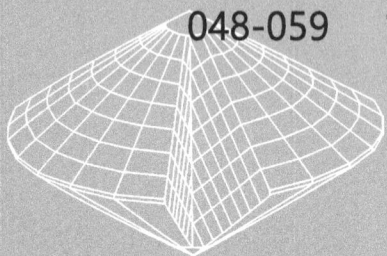

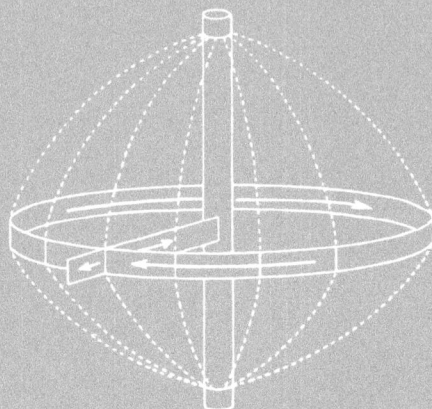

第1章 设计色彩的概念与体系

1.1 色彩基础概念

导论

色彩是人们生活中不可或缺的组成部分，它体现着人们对生活的感受、向往、态度等诸多表现。1676 年，艾萨克牛顿用棱镜片分离出太阳光的彩色光谱，证明了色彩的客观存在，如图 1-1。

设计色彩的概念：

设计一词在《辞海》中的第一解释是：把一种设想通过合理的规划、周密的计划，通过各种感觉形式传达出来的过程。人类通过劳动改造世界，创造文明，创造物质财富和精神财富，而最基础、最主要的创造活动是造物。设计就是造物活动进行前预先的计划，从广义上讲，可以把所有造物活动的计划方法和计划过程理解为设计。狭义的设计，指设计师有目标有计划地进行艺术性、技术性、应用性的创作与创意活动。设计的任务不只是为生活和商业产品服务，同时也伴有艺术性的创作。

因此，设计色彩是从色彩的角度来探讨颜色的基本原理与如何艺术性地表达和设计应用的一系列关系问题。

1.1.1 课题实践 1 认识色彩

课题描述： 在对色彩基本概念与理论进行学习与了解后根据色彩的形成原理，设计并绘制一幅创意色相环，同时熟练掌握色彩类型，原色、间色、复色等色彩间相互关系。

课题要求：

（1）掌握色彩的基本形成与关系原理，能分辨不同种类色彩名称。

（2）以色彩的原色、间色、复色之间的关系构成为框架，按要求设计并绘制创意色相环 1 个。

（3）设计与制作的材料、手法不限。

案例分析：

图 1-2 中两幅作品为两种风格完全不同的创意色相环作品，虽然都以六色为主要用色，却分别采用抽象绘画和图案绘画的方式表现色彩从三原色到间色再到复色的形成过程与相互关系。既美观又带有一定的创意性。

图 1-1 色光的发现

图1-2 创意色相环

知识点：

（1）色彩的分类

1）无彩色

无彩色也是一种色彩，它包括黑、白、灰等，称为无彩色系统。其中灰色由黑白两色调和而成，由于黑白的调和比例不同会形成深浅不同的灰色系列，如图1-3。

2）有彩色

有彩色即有彩的颜色，是指在光谱中存在的所有颜色，以红、橙、黄、绿、青、蓝、紫为基本颜色。通过基本色之间的不同量的混合，可以获得成千上万种色彩，如果将有彩色与无彩色分别相混合，可以得出更多的色彩，产生倾向十分微妙的色彩效果。

①原色

原色是指最原始的颜色，任何两种颜色都无法调配出来的颜色，在色光中主要指红色、绿色和蓝色；在颜料中指红色、黄色和蓝色。

②间色

间色是指橙、绿、紫三种颜色，是由红、黄、蓝三种颜色中的任意两种调和得到的色彩，也叫"二元间色"。

③复色

复色是指三原色中的任意一个颜色与间色调和得到的色彩，或者是两个间色调和得到的色彩，也叫作"三元复色"。

④其他相关名词

光原色

发光物体的光色直接传入人眼后视觉感到的颜色就是光源色。光源色根据来源的不同包括自然光源色和人工光源色。主要针对物体的基本色相来认知。

环境色

指对主物体固有色产生视觉影响的周围的环境色彩，包括周围的物体色、灯光色等，由于物体处于某一特定空间环境之中，故称为环境色。

媒介色

通常指可游离于各种颜色之中，与任何一种颜色混合却不改变颜色的色彩倾向，一般包括黑色、白色、灰色等无彩色系列和银色、金色这两种现代设计色彩中的媒介色。

（2）色相环

色相环其实就是在色彩光谱中所呈现的条状排列的色彩序列，是由于它所体现出的色彩种类中原色、间色、复色等颜色的演变关系形成了一种环状链接结构。为了便于了解与说明，色彩学家发展出最基本的十二色相环，包括黄、黄橙、橙、红橙、红、红紫、紫、蓝紫、蓝、蓝绿、绿、黄绿等十二色，这十二色也称为基础色如图 1-4 所示。

图 1-3　无彩色与有彩色

图 1-4　色相环（原色、间色、复色）

教学示例：

图 1-5～图 1-8 为采用不同设计形式表现的色相环设计作品，此练习侧重在基础理论学习的实践阶段融入一定的设计元素，打破传统色彩基础作业训练的模式，为后续的学习奠定一定的基础。

图 1-5 创意色相环（作者：金淑涵/指导：刘畅）

图 1-6 创意色相环（作者：郑趣/指导：刘畅）

图 1-7 创意色相环（作者：史艳芸/指导：刘畅）

图 1-8 创意色相环（作者：舒叶子/指导：刘畅）

1.1.2 课题实践 2 色彩属性认知——用要素绘画

导论

从科学研究中显示，人类肉眼可以分辨的颜色达千余种，但若要准确分辨它们的差别，或叫出它们的名字，却具有相当的困难。为了便于研究，色彩学家将色彩用三大属性综合标识的方法加以区分，并用以数字和字母相结合的方式来进行标记。1854 年格拉斯曼发表了颜色定律：人的视觉能够分辨颜色的三种性质，即色相、明度和纯度（彩度）的变化，成为色彩的三属性或三要素。

课题描述：设计一幅图案，在画面中同时利用色彩三要素的渐变关系，采用色彩推移的手法进行色彩搭配，要求画面和谐、色彩丰富。通过训练，掌握色相间的形成关系，改变、调整色彩明度、纯度的基本方法。

课题要求：

（1）图案用色要同时具备色相、明度、纯度三要素的运用。

（2）色彩推移的色阶跨度要达到九级以上。

（3）画面内容设计要适合推移手法应用，风格、手法、材料不限。

设计案例：

图 1-9、图 1-10 分别采用了秩序性与非秩序性的构图方式来展现色相间的相互关系以及形成的规律。

图 1-9 色相推移（作者：陈欣妤 / 指导：刘畅）

图 1-10 色相推移（作者：方丽薇 / 指导：刘畅）

知识点：

（1）色相

色相即色彩的相貌，是色彩的主要表象特征。色相能够比较准确地表示色彩的区别与名称。从光学角度来看，某种色相的面貌完全取决于其光线波长；对于混合色光来说，则取决于各种波长光线的相对量。光源的光谱成分和物体表面反射（或透射）的特性决定了物体的颜色。在有彩色系中色相是最重要的属性与特征。

色相的英文代号为 H（hue），在现实生活中无论是受过色彩训练的专业人士，还是普通人，能够分辨出的色彩种类都是有限的，通常情况下人的肉眼最多能够分辨出 100 个左右的色相，在蒙塞尔色彩体系中色相环的色标正好为 100 个。在色相环中，红、橙、黄、绿、蓝、紫等 6 色相是最容易被感觉的基本色相，依照它们的彼此形成关系而链接出的环状结构便可称为高纯度色彩的色相环。除了 6 色、12 色基础色相环外还有 24 色、32 色和 48 色色相环，为了在千变万化的色彩中区别各种颜色，最终实现对色彩的设计运用，所以研究者们为每种颜色建立了自己的名称。因此我们要在平时的训练中多观察、勤比较，才能在运用时正确的认识色彩，如图 1-11。

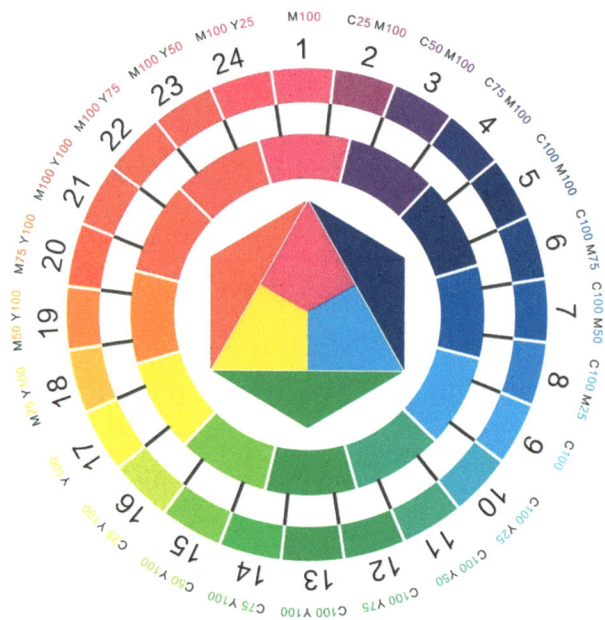

图 1-11 24 色色相环

图 1-12 明度色阶表

（2）明度

明度指颜色的明亮程度，不同色彩会因为对光线的反射率不同呈现出明暗度不同的变化，如红色会因为对光线反射的强弱呈现出浅红色、红色、深红色等明亮度差别，这种差别度，即是色彩的明度。

每一个色相都有自身的一系列明暗度，从人的视觉范围内，光线的反射量正好是能吸收光线量的最高感光度时，颜色的饱和度达到最高值，光线越强，色调越明亮，饱和度也越高；光线越弱，色调越暗，饱和度随之降低；当没有光线时，反射度为0，就看不到颜色，色彩的饱和度也降到最低。黑色、白色就是光线达到极值时的色彩效果，因此明度在无彩色系中也同样存在。

色彩的明度用代号V（valu）表示，在有彩色中，不同色相之间的明度差别很大，从物理角度分析，色相间明度的差异与光波"振幅"大小有关。振幅越宽，明度越高；振幅越窄，明度越低。在色相环中，柠檬黄明度最高，紫罗兰明度最低，其他各种色相均处于二者之间不同的明度色阶。

明度是一种同时存在于有彩色与无彩色之中的色彩属性。每一个色相都可以通过加入不同比例的白色或黑色来提高或降低自身的明度。而黑白两种颜料的相互混合，根据二者混合的比例增减，就会形成等差渐变的明度变化色阶，如图1-12。

因此，在有彩色范围内，明度变化有两种情况，一种是指同一色相不同的明度层次变化；另一种是不同色相之间的明度差异。而实践中对视觉的影响，明度的效果最为明显，在色彩对比中占有重要的位置，被称为色彩的骨骼。在绘画上，形态的层次、空间关系、造型主要是通过色彩的明度关系来实现的。以最为典型的素描基础训练为例，当我们把视觉中的复杂色彩关系概括成不同层次的黑白灰关系时，物体的明度关系是我们几乎唯一可利用的表现手段。因此在画面中，当色彩的明度对比关系产生严重缺失的情况下，二维图形的轮廓会难以辨识，三维造型的形态与体积同样难以辨别。所以，恰当合理地表现色彩的明度关系是研究和学习色彩的重要内容，也是使画面或形态充满体积感与空间层次感，进而创造出优秀的设计作品的方法。

（3）纯度

色彩的纯度是指色彩的纯净程度，也叫饱和度或彩度，它所表示的是颜色中含有某种色相的比例成分。含有色彩的成分比例越高，色彩的纯度就越高；含有色彩的成分比例越小，色彩的纯度就越低。由于受光波波长的影响，光波越长越单纯，色光越鲜亮，称之极限纯度。色光成分越复杂越靠近纯度为0的白光。当我们需要改变一种颜色的纯度时可将黑色、白色、灰色或其他颜色掺入其中，当掺入的色彩达到一定比例时，原色相便会发生改变，进而成为另一种色相。物体固有色的纯度与物体表面的肌理有关。粗糙的表面会增强漫反射，降低色彩的纯度；光滑的表面肌理所形成的全反射作用会形成鲜艳的色彩效果。

色彩的纯度用代号C（chroma）表示，在光谱中，红、橙、黄、绿、蓝、紫等色光都是高纯度的光，其中红色是纯度最高的色相，橙、黄、紫等是纯度较高的色相，蓝绿色是纯度最低的色相。眼睛在正常光线下对红色光波感觉是最敏感的，所以红色在视觉中纯度极高；相反对绿色的感觉较弱，因此绿色的纯度较低，如图1-13。

图 1-13 纯度色阶表

（4）色立体

色立体是从立体角度上展示色彩的各种相互关系，它将色相、明度、纯度三属性有序地、系统地排列组合，形成了具有立体效果的彩色体，有助于我们更清楚更明确地观察色彩分类即关系变化，色立体的关系结构是研究色彩的基础科学依据。

色立体的产生是从 18 世纪正确的色彩三属性理论成型后开始的，1772 年，拉姆伯特（Lambert）提出了金字塔式的色彩图概念。以后，栾琴（Runge，1771-1810）提出了色彩的球体概念。到 1776 年，摩西哈里斯在著作《色彩的自然体系》一书中，发表了类似色立体的图形色环，接着，冯特（Wundt，1832-1920）提出了色彩的圆锥概念，这些理论对后世的色彩分析与系统整理产生了重大影响。直到 20 世纪初成熟与严谨的色立体才完善起来，在表达色的序列和相互关系上，从一开始的平面圆锥、多边形色彩图发展到现在的空间的立体球形色彩图——色立体。

我们可以笼统地认为色立体是近似地球的外形。其贯穿球心的中心垂直轴为明度的标尺，上端（"北极"）是高明度白色，下端（"南极"）则是最低明度的黑色，赤道线（类似地球的水平赤道线或倾斜的黄道坐标曲线）为各种标准色相，水平切面均代表同明度水平的可供采用的全部色阶。越接近外缘（"地球"的表层）色越饱和，彩度越高；越接近中心垂直轴，其中掺和的同一明度的灰色则越多。因为所有颜色的纯色相和相应明度的灰之间的最大数量的饱和等级是在明度的中段展现的，而高明度或低明度的色则分别接近白和黑，所以，在复圆锥形或球形色立体模型中，每种标准色相的最大直径大致是在中间，并向两极逐渐缩小。

比较通用的色立体有三种：蒙塞尔色立体、奥斯特瓦德色立体、日本研究所的色立体，它们中应用的最广泛的是蒙塞尔色立体，所用的图像编辑软件颜色处理部分大多源自蒙塞尔色立体的标准。下面简单地介绍蒙塞尔色立体的表色系。

1）蒙塞尔色立体

蒙塞尔色立体是由美国教育家、色彩学家、美术家蒙塞尔创立的色彩表示法。他的表示法是以色彩的三要素为基础。蒙塞尔所创建的颜色系统是用颜色立体模型表示颜色的方法。它是一个三维类似球体的空间模型，把物体各种表面色的三种基本属性色相、明度、饱和度全部表示出来。以颜色的视觉特性来制定颜色分类和标定系统，以按目视色彩感觉等间隔的方式，把各种表面色的特征表示出来。国际上已广泛采用蒙塞尔颜色系统作为分类和标定表面色的方法，如图1-14。

①色相表示

色相环是以红（R）、黄（Y）、绿（G）、蓝（B）、紫（P）心理五原色为基础，再加上它们的中间色相：橙（YR）、黄绿（GY）、蓝绿（DG）、蓝紫（PB）、红紫（RP）成为10色相，排列顺序为顺时针。再把每一个色相详细分为10等分，以各色相中央第5号为各色相代表，色相总数为100。如：5R为红，5YB为橙，5Y为黄等。每种摹本色取2.5，5，7.5，10等4个色相，共计40个色相，在色相环上相对的两色相为互补关系。

②明度表示

色立体中央轴代表无彩色黑白系列中性色的明度等级，黑色在底部，白色在顶部，称为孟塞尔明度值。它将理想白色定为10，将理想黑色定为0。孟塞尔明度值由0～10，共分为11个在视觉上等距离的等级。

③纯度表示

在蒙塞尔系统中，颜色样品离开中央轴的水平距离代表饱和度的变化，称之为蒙塞尔彩度。彩度也是分成许多视觉上相等的等级。中央轴上的中性色彩度为0，离开中央轴越远，彩度数值越大。该系统通常以每两个彩度等级间隔制作一颜色样品。各种颜色的最大彩度是不相同的，个别颜色彩度可达到20。

④色标标示法

蒙塞尔色立体中的每一个色标均以HV／C为记号标示，HV／C即色相、明度／纯度。

例如，纯黄色的色标为5Y8／14，其中5Y表示正黄，8表示明度层面为第8层面，14则表示纯度为第14级，如图1-15。

图1-14 蒙塞尔色立体

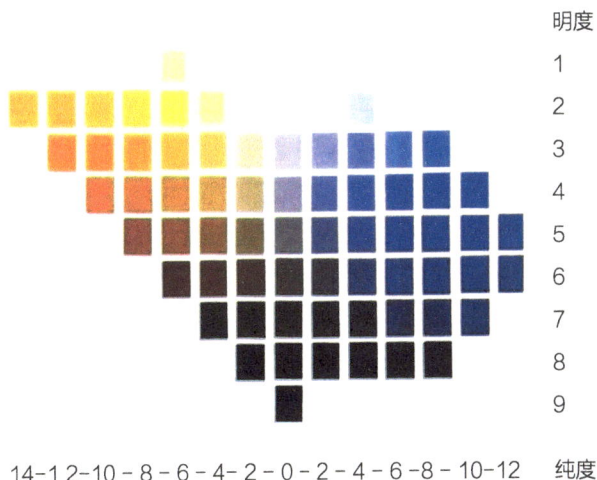

明度

1
2
3
4
5
6
7
8
9

14-12-10-8-6-4-2-0-2-4-6-8-10-12 纯度

图1-15 蒙塞尔色立体色标

2）奥斯特瓦德色立体

奥斯特瓦德色立体是由德国科学家，伟大的色彩学家奥斯特瓦德创造的。他的色彩研究涉及的范围极广，创造的色彩体系不需要很复杂的光学测定，就能够把所指定的色彩符号化，为美术家的实际应用提供了工具。

奥斯特瓦德色立体的色相环，是以赫林的生理四原色黄（Yellow）、蓝（Ultramarine-blue）、红（Red）、绿（Sea-green）为基础，将四色分别放在圆周的四个等分点上，成为两组补色对。然后再在两色中间依次增加橙（Orange）、蓝绿（Turquoise）、紫（Purple）、黄绿（Leaf-green）四色相，总共8色相，然后每一色相再分为三色相，成为24色相的色相环。

色相顺序顺时针为黄、橙、红、紫、蓝、蓝绿、绿、黄绿。取色相环上相对的两色在回旋板上回旋成为灰色，所以相对的两色为互补色。并把24色相的同色相三角形按色环的顺序排列成为一个复圆锥体，就是奥斯特瓦德色立体，如图1-16。

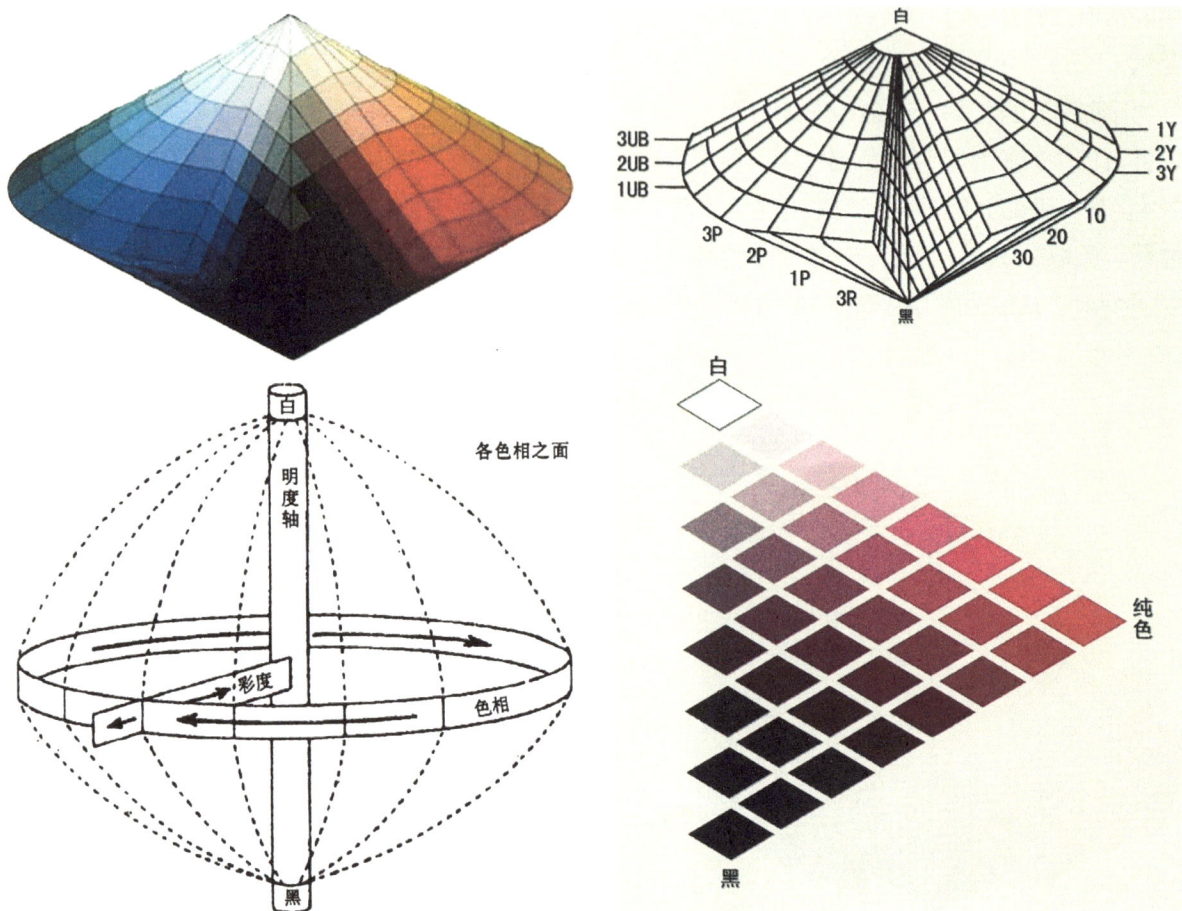

图1-16 奥斯特瓦德色立体

3）日本 PCCS 色彩体系

日本色彩研究所色立体是由 24 面半圆形的有机玻璃贴附色标竖立环绕而构成，每面半圆形为等色相面。其基本结构主要参考了蒙塞尔色立体的特征，但是，其层次比蒙塞尔色立体概括一些，外形比蒙塞尔色立体规则一些。整体外部形态类似一个横放着，略微倾斜，大头低、小头高的鸡蛋，如图 1-17。

①色相标示

日本色研色立体的色相是以色光谱的红、橙、黄、绿、蓝、紫 6 个色为基础，然后在每两个色之间加入 3 个过渡色构成 24 个色相的色相环。在色相环上将不同的色彩以 1 ~ 24 的数字标示，从红色开始，顺时针编号。其色相为：1 红、2 橙味红、3 红橙、4 红味橙、5 橙、6 黄味橙、7 黄橙、8 橙味黄、9 黄、10 绿味黄、11 黄绿、12 黄味绿、13 绿、14 蓝味绿、15 蓝绿、16 绿味蓝、17 蓝、18 紫味蓝、19 蓝紫、20 蓝味紫、21 紫、22 红味紫、23 红紫、24 紫味红。

日本色研色立体的色相环各个色相之间的间隔为感觉中的等差。在色相环上相互对应的色彩大致上属于互补色关系，但是这些互补色之间，在色相环上的角度又不是很规范的 180 度，如图 1-18。

②明度标示

日本色研色立体的明度标示结构与蒙塞尔色立体一样，也共计分为 11 个明度阶段，而且同一水平面的各色标明度相等。但是，其明度标示方法与蒙塞尔色立体不同。日本色研色立体的 11 个明度阶段，分别采用 10~20 的数字标示，将黑标示为 10，将白标示为 20，在其间由 9 个等差渐变的灰色阶段构成其明度系列。

③纯度标示

日本色研色立体的纯度标示吸收了蒙塞尔色立体的结构特点，但是在纯度层次上比蒙塞尔色立体简约一些。日本色研色立体的纯度系列从中心的无彩轴开始向外部等差推移。中心部位纯度为 0，离开中心越远，其纯度就越高。凡是与中心立轴等距离的色标，其纯度均相同。日本色研色立体的纯度范围分为 0~10 级，将纯度最高的色相标示为 10，将纯度最低的色相标示为 6。例如，在 24 色相中，红色的纯度最高被分为 10 级，而纯度最低的蓝味绿色则被分为 6 级。

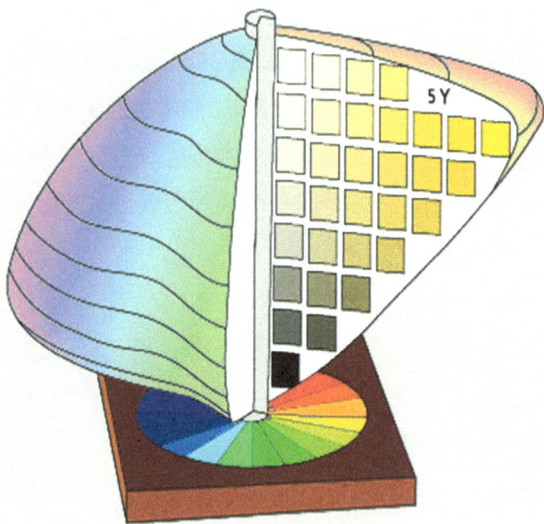

图 1-17 PCCS 色立体

④色标标示法

日本色研色立体的色标标示方法，是以色相、明度和纯度的顺序排列成一组数字。例如，编号为"12-16-3"的色，"12"表示其色相为"绿"，"16"表示其明度为"中等明度"，"3"则表示其纯度"偏低"。因此，编号为"12-1-3"的色是一个中等明度的灰绿色。

相比之下，各种色彩标示体系在实际应用中各有其长处。牛顿色环明确而高度精练、简约，方便理解和记忆；蒙塞尔色立体比较重视物理学规范的体现；奥斯瓦尔德色立体所标示的色彩数据比较概括，结构规律容易掌握；日本色研色立体的六个主色与牛顿色环一致，便于记忆和运用，并且还加入了色调的概念，将明度和纯度两种属性的变化综合考虑在其中，这样在选择和调配色彩时就能够通过编号对色彩形成一个基本概念。

因为色彩标示体系可以直观地展示各种色彩的特征，体现出不同色彩的内在联系，在人们研究和理解色彩及色彩关系时，既直观，又实用，所以色彩标示体系已经成为人们研究标示色彩的基本工具，成为色彩设计、色彩施工等各种色彩应用活动的重要参照依据。

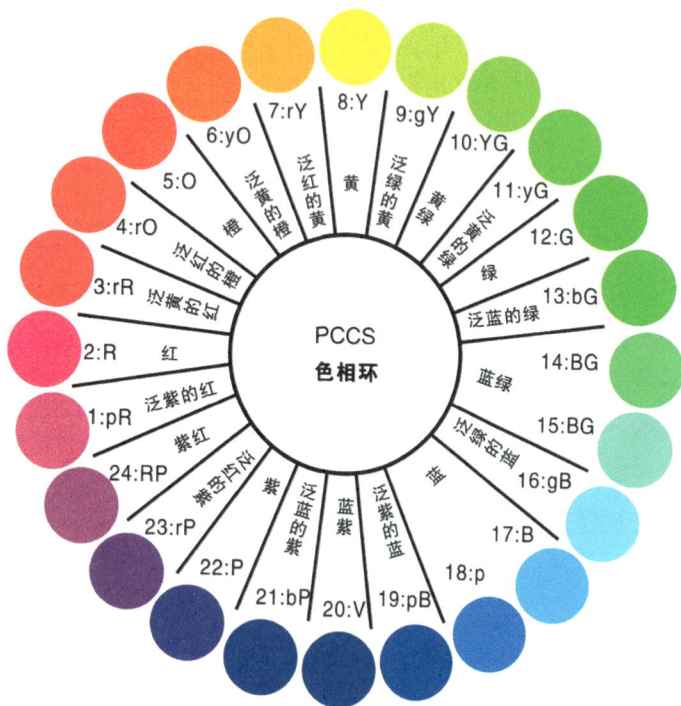

图 1-18 PCCS 色相环

4）色彩混合

①加色混合

色光的三原色是红、绿、蓝，通过这三种色光，可以混合出所有的色光。加色混合也称为色光的混合，是指将两种以上的色光混合在一起。色光的混合量越多，所得新色光的明度也越高。电脑显示器、舞台照明就是利用加色混合原理设计的。色光混合中有彩色光可以被无彩色光冲淡并变亮，例如蓝光与白光相遇，得到更加明亮的浅蓝色光。如果只通过两种色光混合就能产生白色光，那这两种光是互补关系，比如朱红色光与蓝色光、蓝紫色光与黄色光都是互补关系。如图 1-19 中图左，红色加绿色得到黄色，红色加蓝色得到品红，蓝色加绿色得到青色，红色加绿色加蓝色得到白色光。

②减色混合

减色混合也称色料混合，显色系统的原理是以色料的混合这一物理现象为基础，本质是反射光的色彩系统。显色系统称减法混合，也就是常说的减色模式。色料的三原色是红、黄、蓝，特点与加色混合相反，当混合的颜色或者次数越多，所得颜色就越昏暗，把所有的颜色混合到一起就可以产生黑色。减色混合包括色料混合与透光混合两种现象，绘画的颜料，印刷的油墨等色料的混合属于色料混合，而彩色玻璃等透明物体的重叠混合属于透光混合。在减色混合中，混合的颜色越多，明度越低，饱和度也随之下降。色料的三原色是品红、明黄和青，理论上三色适当混合可以得到其他各种色彩。如图 1-19 中图右，品红、明黄和青色在色彩学上被称为第一色，两种不同的原色相混合所得到的色彩称为第二色即间色，间色与原色混合或者间色与间色混合所得色彩称为第三色。原色与黑或灰混合也得到第三色。

③中间色混合

中间色混合既不是色光的混合，也不是色料的混合，而是色彩进入视野后，由于人的视觉生理原因而产生的色彩混合。混合后明度不发生变化，饱和度降低。中间色混合包括旋转混合和空间混合。

图 1-19　加色混合、减色混合

图 1-20　空间混合（作者：方伟 / 指导：刘畅）

图 1-21　空间混合（作者：沈娜 / 指导：刘畅）

旋转混合的原理是视觉残留与视觉混合作用下的视觉生理混合，而并非真正的色彩的混合。用两个或两个以上的颜色按比例涂在圆盘上，快速旋转，于是圆盘上是各色混合后的新颜色。旋转混合的明度是混合各色的平均明度，不降低也不增加。

空间混合也叫并置混合，将两种或两种以上面积非常小的不同色彩并置在一起，在一定的距离外观看时，肉眼难以区分单个的色块，由此产生视觉混合的现象。这种混合必须借助一定的空间距离才能产生，所以称为空间混合。空间混合近看色彩丰富，远看色彩统一，在不同的距离看到的色彩各不相同，并且色彩具有颤动、闪烁的效果，富有光感。这种方法被印象派画家广泛应用，如图 1-20、图 1-21。

空间混合通过各种色料的比例变化可以用少色获得多色，丰富视觉效果。如在四色印刷过程中，最终呈现的印刷色彩是通过青色、品红、明黄三原色加黑色与纸张色混合而成，在这个过程中，图像的同一表面经过青、品、黄、黑四次油墨印刷之后，所有小色点套印排列在一起，通过观察者的眼睛进行混合，形成清晰的图像。

教学示例：

图 1-22 ~ 图 1-27 是以抽象几何图案为内容的色彩三要素推移练习作品；图 1-28 ~ 图 1-32 是主题性色彩要素推移图形创意作品。

图 1-22　色彩要素推移 1（作者：方文苑 / 指导：刘畅）

图 1-23　色彩要素推移 2（作者：戎海波 / 指导：刘畅）

图 1-24　色彩要素推移 3（作者：蒋文君 / 指导：刘畅）

图 1-25　色彩要素推移 4（作者：施文明 / 指导：刘畅）

图 1-26　色彩要素推移 5（作者：姚雪平／指导：刘畅）

图 1-27　色彩要素推移 6（作者：黄国晓／指导：刘畅）

图 1-28　主题性色彩要素推移 1（作者：陈旭、张伟伦／指导：刘畅）

图 1-29　主题性色彩要素推移 2（作者：柳琼 / 指导：刘畅）

图 1-30　主题性色彩要素推移 3（作者：朱新异）

图 1-31　主题性色彩要素推移 4（作者：史艳芸）

图 1-32　主题性色彩要素推移 5（作者：黄琴 / 指导：刘畅）

1.2 色彩关系认知——对比与调和

导论

在色彩关系中，和谐色调与对立统一规律总是相互交织的，所以需要对色彩的差异因素进行合理的安排，使色彩差异所产生的各种变化有机地统一在一定的规则中。在色彩的各种秩序关系中，主从关系是一种以显著的体量差异所构成的秩序。它通过强化色彩之间的体量差别，使其中的某种色彩在面积上占有绝对优势，从而在色彩关系中明确呈现出主导色与辅助色的关系，构成以面积优势为主导的色彩倾向。这种主导色与辅助色地位明确的色彩关系系统，也被称为色彩的"调子"。虽然，对于和谐色彩关系的创造可以采用不同的方法，但是，以色彩体量上的差别构成调子，是创造色彩和谐之美时，最为简便、易行，并且效果十分显著的一种方法。

在一般情况下，人们对色彩调子的感受和欣赏多是趋向于综合的。例如，通常在一个优美色彩画面中，几乎囊括了色彩的明度、色相、纯度、冷暖、面积、位置、形状、肌理，前后、轻重、虚实等各种视觉要素。人们对其优美色彩意境的感觉，形成于多种要素共同协调合作而构成的一种丰富、统一、和谐的色彩氛围。这种以综合视觉要素所构成的色彩调子，就犹如是由各种不同的乐器共同参与所演奏出的交响音乐，或者说是一种视觉的"交响音乐"。因此，无论是在艺术设计作品中还是在我们的生活环境中，色彩调子的构成是非常必要和重要的。因为，色彩调子既是构成色彩艺术语言的基本组织形式，也是展现色彩关系美感，多样化地展示色彩魅力的手段，如图1-33、图1-34。

图1-33 不同色调的绘画作品

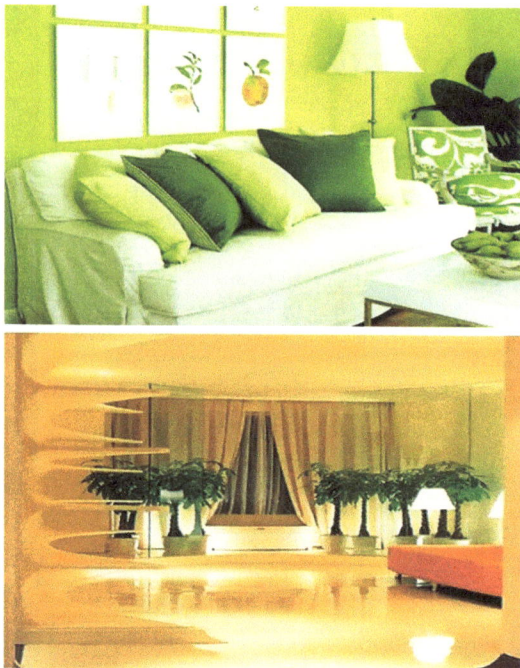

图1-34 不同色调的环境色彩

1.2.1　课题实践 1　色调关系感知 1——对比与统一

课题描述：色彩对比是指颜色与颜色之间的并存关系问题，色彩的明度调子、色相调子、纯度调子、冷暖调子，以及形态调子，在由色彩构成的视觉关系中都存在着不同程度的对比关系，起到确定色彩基调的重要作用。如果我们逐项熟悉这些对比调子的构成原理，掌握构成这些对比的基本结构特征和构成方法，不仅有助于我们在色彩构成中合理调度、调节要素，整体控制和宏观调节色彩氛围，也有助于我们更加有的放矢地构成和协调色彩关系，使各种色彩要素在视觉旋律中有机配合，完善色彩传达的意境，发挥出各自积极而独特的视觉效能。

课题要求：

（1）设计一幅图案，并利用色相的不同对比关系对图形的色彩进行创意设计。

（2）设计一幅图案，利用明度的不同对比关系进行 9 种色调的图案色彩创意设计。

（3）设计一幅图案，并利用纯度的不同对比关系进行 9 种色调的色彩图形创意设计。

（4）作品主题、形式、手法不限，也可采用材料制作，在对比关系中尽量运用单一要素，不要混合运用。

案例解析：

图 1-35 中作品采用画面分割的构图方式，利用色相间不同类型的对比关系将要呈现的不同色调效果在画面各部分中间分别加以体现。

图 1-35　色相对比（作者：顾倩颖 / 指导：刘畅）

知识点：

（1）色彩的对比

通常情况下颜色很少单独存在，大都会处于与其他颜色并存的状态，这种某一色彩与另一或多种色彩在时间或空间中的相互关系，对视觉所产生的影响，称之为对比。对比法要求将色彩附着在某个图形或形态上，因此它的要素包括明暗、大小、远近、强弱、美丑等感觉内容，对比的色彩并非绝对性的产物，而是相对而言的。譬如，柠檬黄色在黑色背景的衬托下会感觉格外醒目刺眼，而当它在白色背景的衬托下却会看起来暗淡了许多，所以色彩对比是相对的，它可以增加色彩的相互衬托作用，丰富色彩的视觉感受。

（2）对比状态分类

1）同时对比

所谓同时对比，即是在同一个时间内，观看两个或两个以上的并排颜色互相影响，所产生的对比效果变化。同时对比的内容主要是在色彩的明度、纯度、色相、冷暖、形状、位置等物理和心理因素所产生的感觉作用。

2）连续对比

连续对比是指在不同时间去看两个色彩所产生的对比现象。如图 1-36 中，当我们先把视线凝视在左图的黑色十字箭头上，一分钟以后再把目光转移到右边灰色长方形时，此时右边灰色长方形上会同样出现两个发亮的圆形，只不过此时上面的是偏绿色的，而下面的是偏红色的。这是由于视觉残像的作用，视网膜看久了红色，便会产生偏绿色的补色，看绿色久了便会产生偏红色的补色。

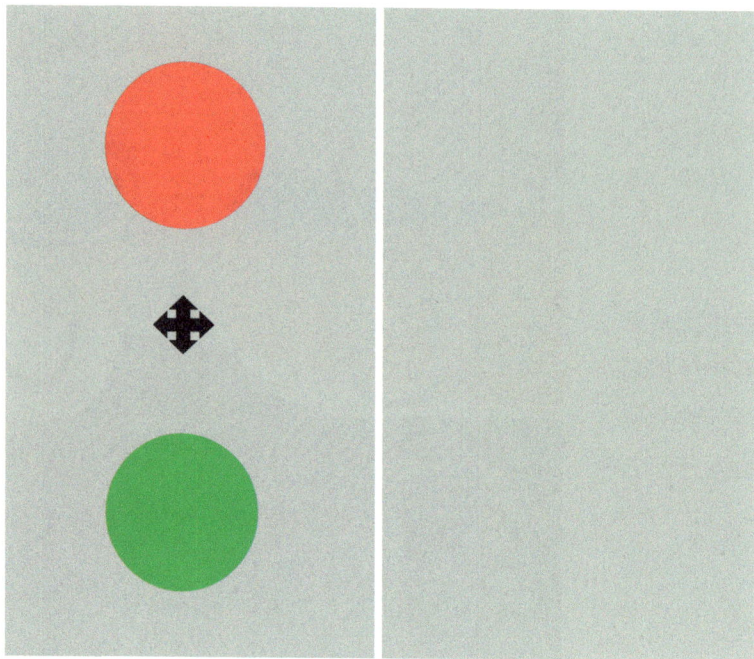

图 1-36 色彩连续对比

（3）色彩要素对比

1）色相对比

色相对比是将色相环中两种或多种颜色并置，产生的对比效果。根据色相环中的色彩位置的关系，色相对比包含以下几种类型，如图 1-37、图 1-38。

①同类色对比（色相环 15 度以内）属弱对比，几乎没有色相变化。

②邻近色对比（色相环 45 度以内）属弱对比，相邻色相并调性十分统一。

③类似色对比（色相环 60 度以内）为弱对比，对比效果微妙而精致。

④中差色对比（色相环 90 度以内）为中对比，对比效果既明快又协调。

⑤对比色对比（色相环 120 度以内）为强对比，对比效果强烈、鲜明、饱满、华丽、活跃，包括三原色对比。

⑥互补色对比（色相环 180 度以内）为强烈对比，视觉效果极强，可发挥色彩的最大鲜明度与对比度，被称为姻缘之色。在最简单的 6 色色相环中每一个原色都与一个间色构成一对互补色，例如：红——绿、黄——紫、蓝——橙。

色相对比是最为直接的对比方法，也是视觉上最容易感知的色彩效果。如红、黄、蓝三原色是色相中对比效果最强烈的搭配，常用作警示和提示。比如交通指挥灯系统，采用红、黄、绿三色作为灯光变换的色彩，由于为了避免与蓝天的颜色产生混淆，所以没有选用蓝色，但红色与绿色这对互补色却展示了最强烈的对比关系。

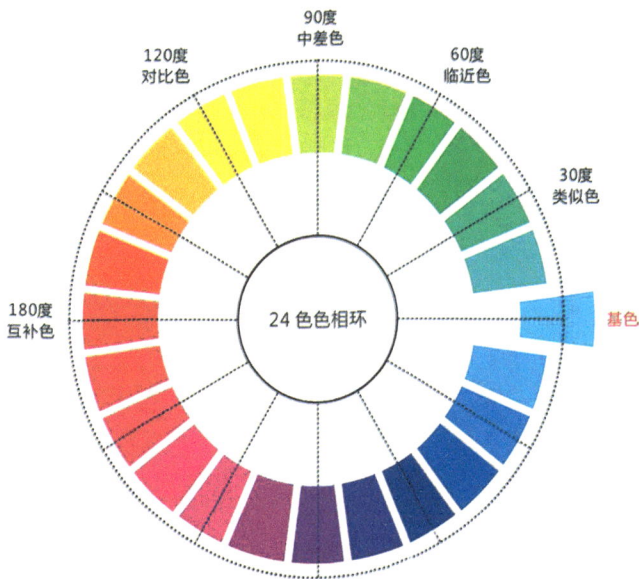

图 1-37　24 色色相环

图 1-38　三原色对比、三间色对比

教学示例：

图 1-39、图 1-40，分别为同类色、邻近色、中差色、对比色、互补色等不同类型的色相对比关系练习作业。

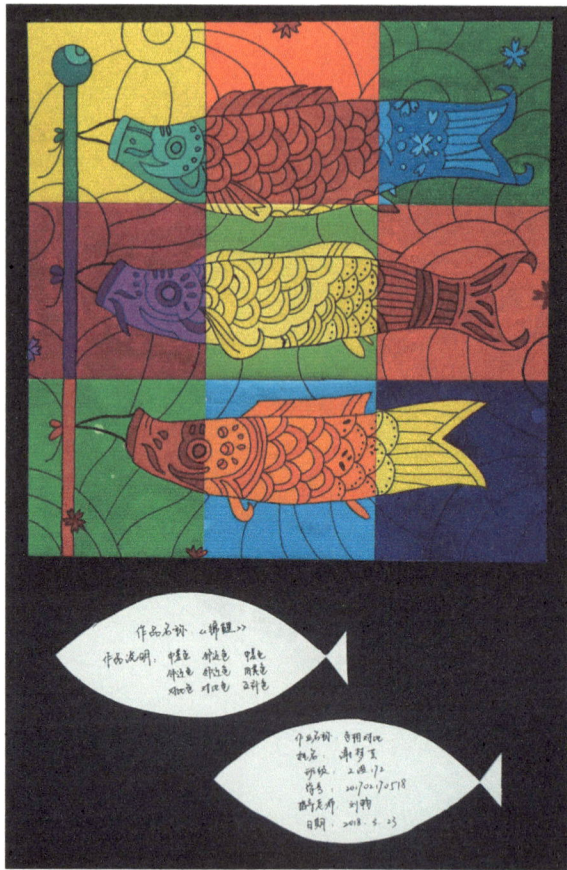

图 1-39　色相对比关系练习作业 1

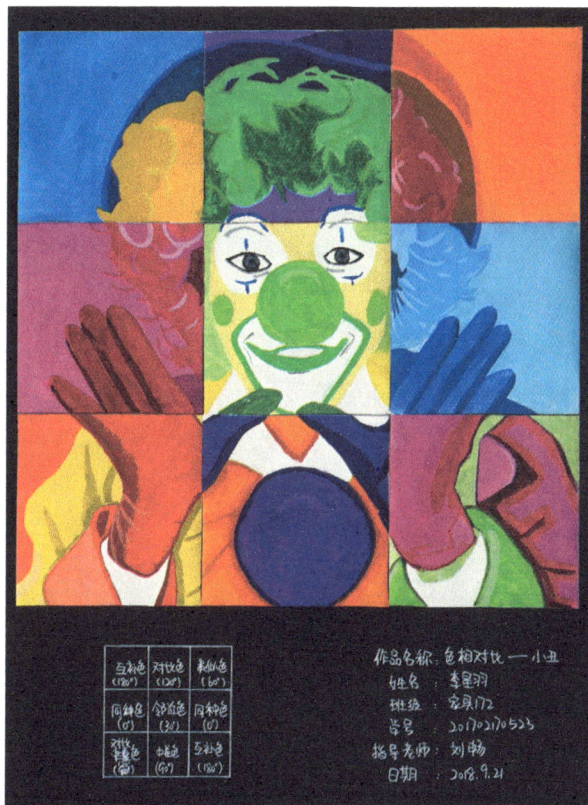

图 1-40 色相对比关系练习作业 2

2）明度对比

明度对比就是将不同明度的色彩并置产生明暗对比效果的视觉效应。明度对比可以是同一颜色不同明度等级的对比，也可以是不同颜色之间的明暗对比。无彩色体系中同样存在明度对比关系。

明度对比与其他两种要素对比一样，大体上分三个层次的对比关系。以蒙塞尔色立体的明度关系表作为划分等级的参照表，从黑至白共有 11 个等级，明度等级跨度在 3 级以内的是弱对比（短调），3 至 5 级为中间对比（中调），5 级以上是强对比（长调）。从色彩明度基调的划分角度来看，由黑到白之间的灰色可分为 9 个等级（V1——V9），其中处在 7 级以上的明度等级 V7、V8、V9、白为高明度色调，处在中部的 V6、V5、V4 为中明度色调，处在 3 级以下由 V3、V2、V1、黑为低明度色调。

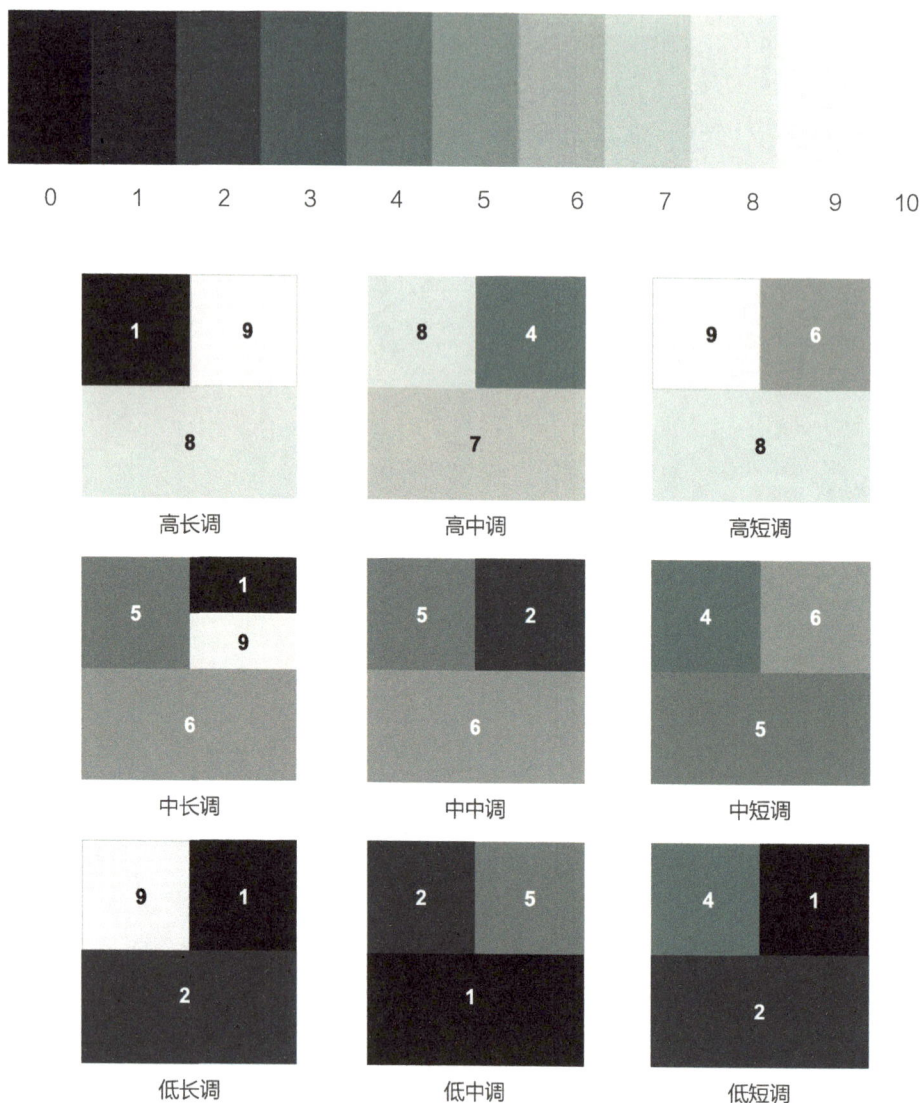

图 1-41 明度九调式构成表

图 1-42　无彩色明度对比（作者：杨雪／指导：刘畅）

将高明度、中明度、低明度的主导色，分别与明度强对比、明度中对比和明度弱对比的辅助色配合，可以将色彩的明度关系归纳为：高长调、高中调、高短调，中长调、中中调、中短调，低长调、低中调、低短调等 9 种视觉感受不同的明度调式，如图 1-41。

对于明度调子研究的实训课题，既可以是 9 种明度调式的规则划分形式，还可采用比较自由的形式，就是根据画面内容自由构成明度高调、中调和低调；强对比、中对比、弱对比的构成方式，如图 1-42、图 1-43。

教学示例：

图 1-44、图 1-45 分别为以单色系或多色系为主题的九调式明度色彩对比关系练习，在明度对比关系中，通过保持色彩的纯度不变来单纯体现色彩的不同明度关系以及所体现出的视觉效果。这种对比方式更加便于初学者感受色彩的明度对比关系。

图 1-43　有彩色明度对比（作者：黄思美／指导：刘畅）

图1-44　明度对比习作1（作者：林倩伊、赵诗琴、陈旭、郑天扬 / 指导：刘畅）

图 1-45 明度对比习作 2（作者：谢梦芸、琚思远、陈旭、郑天扬 / 指导：刘畅）

038

3）纯度对比

由不同色彩的纯度差异所引起的色彩鲜浊对比称之为纯度对比。这种对比关系既可以是单一色相的纯度对比，也可以存在于不同色相之间，如图1-48由多种高纯度色彩搭配而成的室内色调，相反图1-49则是采用低纯度单色系组合而成的室内色调。在色立体中色相的纯度与其在色相环上的位置相关，越靠近色环外围位置的色彩纯度越高；反之，离中间无彩色轴越近的色彩纯度越低，如图1-46、图1-47。

我们在使用色彩颜料时，要改变某一饱和色相的纯度而又尽量不改变其色相，通常可以采用两种方法：

①混入无彩色——黑、白、灰色。

②混入该色的补色。

严格意义上来说，在加入无彩色的同时这一饱和色的色相和冷暖倾向会发生一定程度的改变。通常会有冷色偏暖、暖色偏冷的细微变化。而加入补色需控制两者比例关系，否则色相会发生改变。

图1-46 色立体中的色彩纯度表示

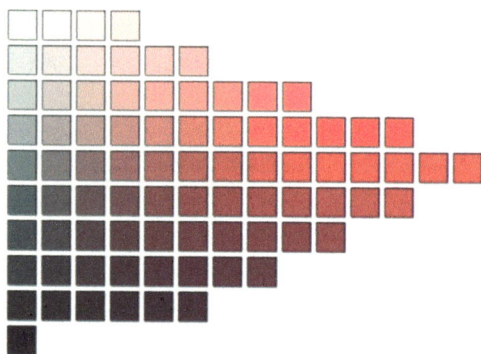

图1-47 单色相纯度表示

图1-48 高纯度色彩搭配

图1-49 低纯度色彩搭配

　　为了避免色彩纯度对比关系中掺杂明度与色相的变化因素，我们选用一种饱和色与一种和这个饱和色明度相等的灰色。将二者分别以不同的比例关系混合后得到从纯到灰的一系列纯度色阶。再采用这一纯度色阶把不同等级纯度的颜色组合并置可产生纯度的弱、中、强的对比效果。与明度对比关系一样，纯度对比也可以分为九调式关系，如图1-50。

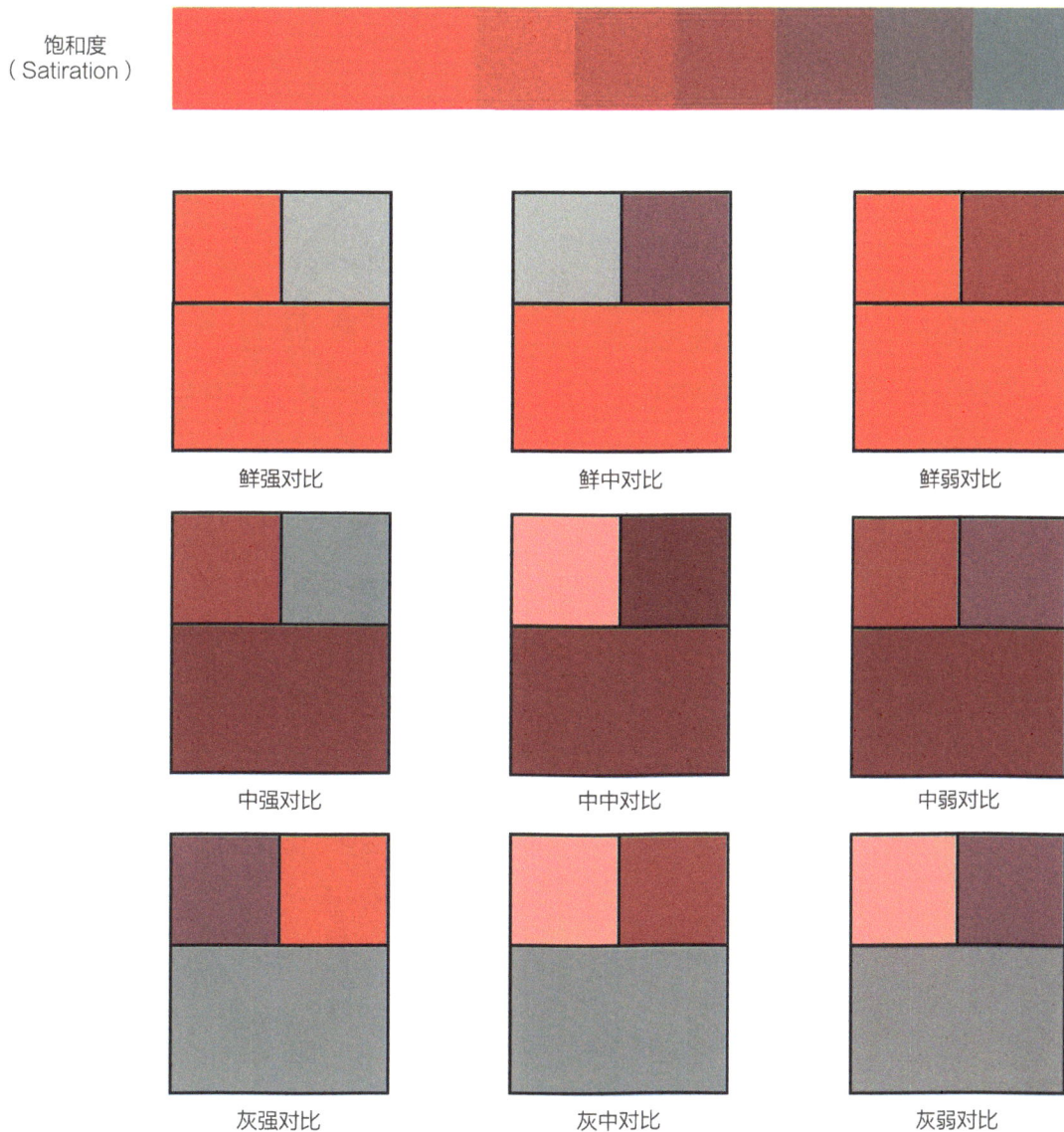

饱和度
（Satiration）

鲜强对比　　　　　　鲜中对比　　　　　　鲜弱对比

中强对比　　　　　　中中对比　　　　　　中弱对比

灰强对比　　　　　　灰中对比　　　　　　灰弱对比

图1-50　九调式色彩纯度构成表

纯度对比关系相对于其他两个要素的对比关系在应用中显得不太直观，在纯度色阶中处于两端的饱和色和灰色并置会产生纯度强对比；跨度在 3~5 个色阶的对比是纯度中对比；间隔只有 1~2 个等级色阶的对比属于弱对比。

任何对比都存在两种要素，且是互相支撑的结构。在纯度对比中，我们用鲜和浊两种要素相对比，通过它们之间的不同强弱效果形成了不同的对比方法。高纯度颜色的强对比会产生夺目、华丽、刺激的心理感受；高纯度颜色的弱对比会形成含蓄、淡雅、柔美的感觉；低纯度颜色的强对比会形成沉稳、个性化的效果；低纯度颜色的弱对比则产生朦胧、神秘、压抑的心理效果。

案例分析：

图 1-51~图 1-53 中，作品画面风格各不相同，但都采用色彩纯度对比变化为主要表现手段的方式来进行色彩搭配。为了能够更好地体会纯度变化的不同效果，在用色中尽量避免了色彩明度的明显变化。

图 1-52　九调式色彩纯度对比 2（作者：张珂璐）

图 1-51　九调式色彩纯度对比 1（作者：肖琪）

图 1-53　九调式色彩纯度对比 3（作者：林艺茹）

教学示例：

在图1-54～图1-57中，分别采用单色相与多色相并结合不同的画面风格来表现九种纯度对比关系，在某些条件下，改变色彩纯度的同时，画面色彩的明度关系也会随之发生一定的改变。

图1-54 纯度对比习作1（作者：黄思美/指导：刘畅）

图1-55 纯度对比习作2（作者：盛焰焰/指导：刘畅）

图1-56 纯度对比习作3（作者：刘雨菡/指导：刘畅）

图1-57 纯度对比习作4（作者：王辰宇/指导：刘畅）

1.2.2　课题实践 2　色调关系感知 2——调和与变化

导论

　　我国著名的色彩学家尹定邦先生曾经这样阐述他对色彩调和的两层意思的理解："一是指两个以上的事物在一起时所呈现的和谐的、美的状态。二是指两个以上的事物调整、处置、组合成和谐状态的过程。"色彩的和谐应该是求得视觉上有节奏、有对比的强弱变化，和谐包含着力量的平衡与对称的美。因此，两种或两种以上的色彩为达成一项共同的表现效果，形成一种秩序、统一与和谐的感官效应叫作色彩调和。

　　课题描述： 分别以同类色、近似色、互补色、对比色、冷暖色、调和色为内容进行色彩调和关系设计训练，与此同时调动明度、纯度等要素，达到颜色和谐而不单调、变化却不刺激的视觉效果。训练目的是建立良好的色彩协调能力，塑造出更满足人们视觉和心理需要的，使人愉悦、舒适的色彩关系。

　　课题要求：

　　（1）设计一幅图案，在图案中运用调和的色彩搭配方式进行配色。

　　（2）熟练掌握并分别运用秩序性调和、单色调和、双色调和、三色调和、间隔调和等色彩调和的基本方法。

　　（3）要注意区分色彩对比与对比调和的不同点。

　　（4）能够运用调和与对比相结合的色彩搭配手段。

　　知识点：

　　（1）同一调和或近似调和

　　1）同一或近似色相的不同明度、纯度的调和。这种调和的秩序感强，平和而单纯，但同时缺乏活力，略显枯燥。

　　2）同一或近似明度的不同色相、纯度的色彩调和。

　　3）同一或近似纯度的不同色相、明度的对比调和。这种调和可以突出色相和明度的变化，画面对比强烈，效果清晰，但要把握纯度上的对比强度，如图 1-58。

（2）对比性调和

这是色彩调和的另一大类，它基于色彩变化之上，色彩的三要素都可能处于对比的状态。对比状态下，色彩具有鲜明活泼的效果，但调和的难度较大。有的时候画面甚至没有主色调，如某些国旗、商标直接运用红、蓝、白等色，但感觉和谐而强烈。

对比性调和主要针对对比强烈的色彩关系（如对比色对比、互补色对比等），其调和方法并不是任意的，而是有规律可循的，具体调和方法如下。

1）秩序性调和

秩序调和是通过重复、渐变、节奏等有秩序的、有规则变化的方法使对比的色彩取得和谐的美感，是色彩美构成的最基本形式之一。

重复是将明度、纯度、色相中的一个色彩要素或几个要素组成的小单元作连续的或交替的重复，这种变化须遵循一定的格式与规律来进行，产生有秩序的美感。

渐变是对比色双方之间增加一系列按色相、明度或纯度的级差进行递增或递减的色彩（且最好呈平行条状排列），原来的对比关系便被这些"渐变台阶"所缓和，必然产生有规律的秩序美，这就是人们通常所说的色彩渐变或色彩推移。这种方法因为增加了过渡色而减弱了对比两色对于视觉的直接刺激，从而达到相对和谐。渐变的层次越多就越容易获得协调感，但层次过多则会显得模糊，如图1-59所示。

节奏是将对比双方的色彩在某方面的差异性（如冷暖、明暗、鲜浊、形状）进行有变化的（如高低起伏、重复、转折变化）排列，以获得如同音乐一般的丰富的调性，虽有局部的对比，但从整体上充满了诗情画意，自由而婉转，生动而富于生命个性，这在绘画和设计的色彩使用中都十分常见。

图 1-58　近似色彩调和　　　　　　　　　　图 1-59　秩序性色彩

2）混色调和

将对比的两色（或几色）同时混入另外一色，使之同时具有相同的因素，或者将对比双方按照均衡的原则放置在对方的色域中，形成你中有我，我中有你的格局，或对比双方在不改变双方色相的情况下，按一定比例混入对方，都可以削弱强对比，达到调和的目的（图1-61），具体方法如图1-60。

①混入无彩色（黑、白、灰）调和（如：红+黑、白、灰绿十黑、白、灰）。

②混入同一色调和（如：红+黄绿+黄）。

③互混调和（如：红十少量绿或绿+少量红）。

（3）面积调和

面积调和是德国艺术家歌德所提出的可计算的对比色平衡理论。他以明度为前提，认为越明亮的颜色越有刺激视觉的力量，因此无需与深色具有相同的面积就可以取得优势，如图1-62。由此他推算出原色与间色的和谐面积——黄：橙：红：紫：蓝：绿=3:4:6:9:8:6。按照他的理论，最典型的例子是黄与紫面积平衡是1:3。近代色彩学家孟塞尔认为色彩的对比强度与纯度也有关，所以面积对比也应考虑纯度因素。如红为原色，其纯度当然高于属于间色的绿，两者若要达到平衡关系，其面积之比应是1:2。再如冷暖两色对比时，因冷色具有收缩感，暖色具有膨胀感，两者的面积平衡对比也应向冷色倾斜，如图1-63所示。

总之随着人们对于色彩的认识越来越科学，面积调和也总会有新的知识。当然，这种靠计算得出的面积配比方法在实际运用中并不都令人满意，因为色块的位置、形状、主题的要求与其他的一些因素都会影响到各色彩面积的大小。同样的颜色，面积很大和面积很小时，给人的感觉完全不同。例如，一块单一的大面积的红色给人的感觉是刺激和不舒服，如果将红色的面积缩小，作为一定色彩环境中的点缀，就会产生舒适、明快的视觉感受；一块单一的大面积的白色呆板、单调，加入几块小面积的高纯度色彩，画面马上有了生气，在保持白色基调的基础上呈现出对比与统一的协调，使画面趋于调和。另外，在进行补色调和时，要根据补色双方的视觉重量，调整其在画面构图中的面积，以求达到画面的平衡。

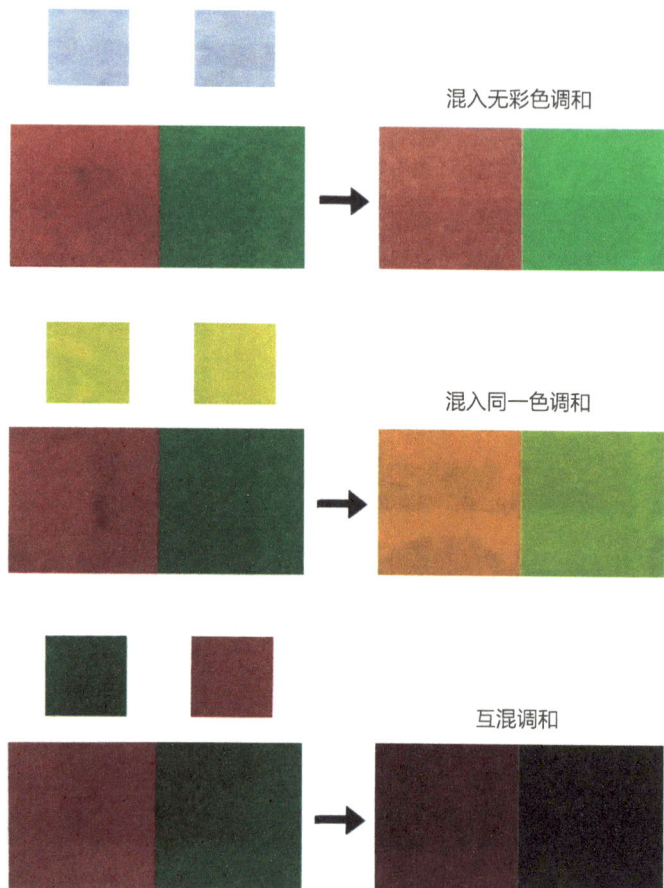

图1-60 混色调和

（4）间隔调和

间隔调和是全世界各国家、各民族传统艺术特别是民间艺术中常用的调和方法。许多传统民间艺术追求吉祥传统的色彩意象和质朴浓烈的乡土气息，其用色极其夸张和大胆，例如中国民间美术中高纯度的互补色配色，是极为常见的形式。为了调和这种强烈的色彩对比关系，民间艺人往往在纯色之间施以黑、白、金、银等无色系勾边或做间隔，将对比的色彩间隔开来，从而使冲突的双方变得相得益彰，这不能不说是极为智慧而又易于操作的方法。

凡是用与对比色双方都无关的第三色（通常是无色系）将对比色间隔开来，从而达到调和效果就称之为间隔调和。再难搭的色彩经过黑、白、灰的间隔，都会沉静下来。这种调和不仅能调和对比强烈的颜色，还能使本来色彩关系暧昧的邻近色变得清晰起来。使用黑色进行间隔能增加画面的色彩纯度效果，使用白色间隔则会减弱纯度效果，如图1-68。

图1-61 混色调和

图1-62 色彩面积调和

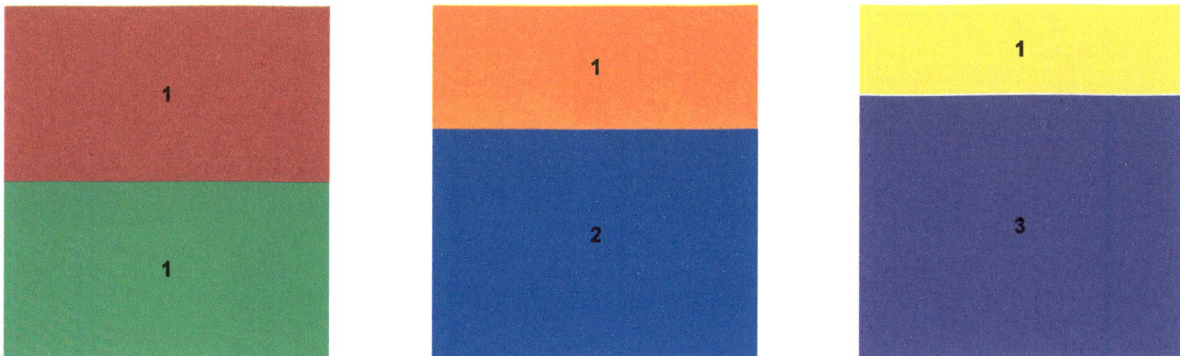

图1-63 色彩面积调和比例

教学示例：

图 1-64 为单色同一渐变调和；图 1-65～图 1-67 为不同数量的色彩混合调和。

图 1-64　同一调和（作者：谢卢行、陈法蓉 / 指导：刘畅）

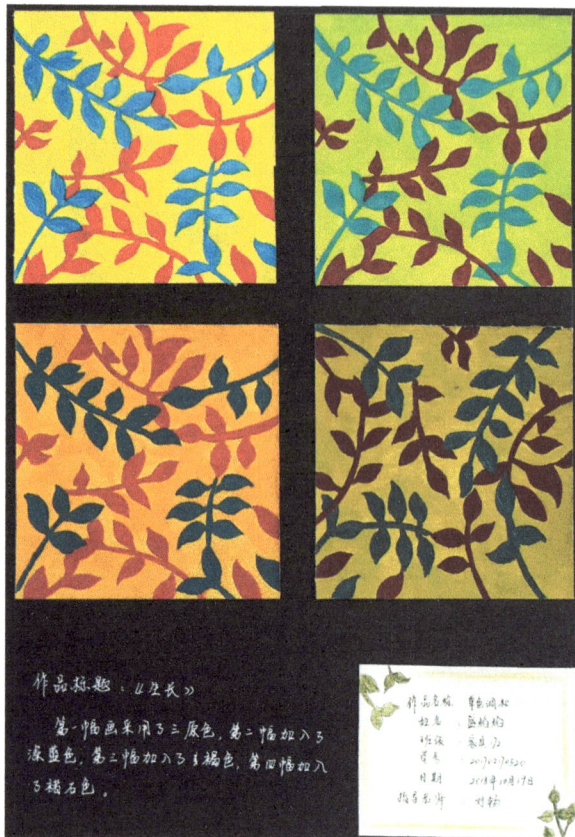

图 1-65　单色调和（作者：盛焰焰 / 指导：刘畅）

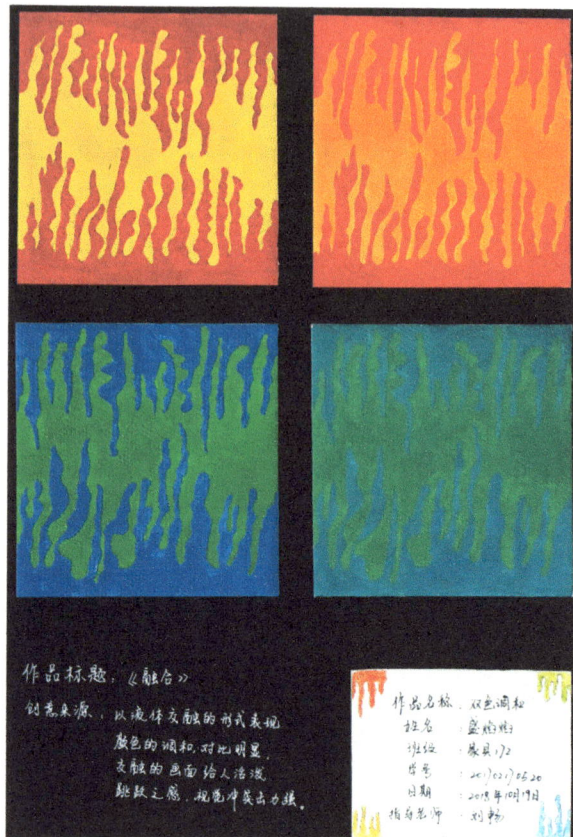

图 1-66　双色调和（作者：盛焰焰 / 指导：刘畅）

设计感悟：

　　自然界中的万事万物正是因为存在差异，才在对比中突显自身特色，同时又促成协调互补、缺一不可的调和统一姿态。"对比"突出了不同，使色彩与色彩之间出现了冲突，形成了张力，表现了强烈的色彩艺术魅力。"调和"在设计色彩的表现中与对比相辅相成，主要任务是调和因对比所产生的矛盾、冲突，使对比双方的色彩趋于平衡，使画面色彩感觉既有对比出的活泼，又有调和后的协调，凭借生动与完整而打动欣赏者。如以丁绍光为代表的云南重彩画派作品中，既强调色彩的斑斓多姿，又运用典雅华丽的金、银色来协调整幅画面，使画面既艳丽，又完整、协调。

　　对比与调和的强弱可因主题表现的需求合理分配，通常情况下我们会讲究和谐，但目前很多时候会追求个性，但无论如何，对比与调和始终是形式美法则中不可分割的整体，巧妙地运用这一规则，一定会为设计色彩的表现锦上添花。

图 1-67　三色调和（作者：邢炜 / 指导：刘畅）

图 1-68　间隔调和（作者：范敏萍 / 指导：刘畅）

1.3　色彩心理表达——情感与知觉

导论

众所周知，色彩和人类的感情有着非常密切的关系，因此最适合用它来表露心声。色彩的心理效应是人类通过视觉感知色光与颜料的过程，是视觉生理机能与心理识别、认知机能互相转化的过程。颜色的变化带动了人的生理和心理机能产生变化，从而带动人的情绪变化。至于何种颜色与何种感情的关系较密切，则由于有个人差异、时代差异和地方差异等存在，很难一概而论。尤其是对色彩产生好坏、美丑、舒适与否等与"评价"有关的感觉时，都会产生差异。

1.3.1　课题实践 1　色彩情感传达

课题描述：了解色彩的表象对人的心理影响的作用，掌握色彩情感多样性及色彩情感的表现性，及使用客观色彩对主观情感进行表达的方式与方法。

训练目的：培养学生主题色彩的配色意识，能够把握色彩情感及形式特征。在了解色彩情感转换规律及表现形式的基础上掌握色彩情感的配色方法，在色彩情感表达的训练中增强体验感，丰富想象力与创造力。

课题要求：

（1）分别以"余音绕梁、苦不堪言、毛热火辣、万籁俱寂"为主题完成与主题相符的图形与色彩配色设计；注意相关色彩的比例与色彩间的相互关系。

（2）分别以"浪漫、可爱、稳重、阴郁"为主题完成与主题相符的图形与色彩配色设计；注意相关色彩的外在感觉与人的心理感受的契合性，并准确恰当地加以运用。

图 1-69　色彩的冷暖对比

知识点：

（1）色彩的快乐与忧郁感

色彩的快乐感与忧郁感主要与纯度和明度有关系，凡是明度较高而鲜艳的颜色都具有明快感，凡是深暗而浑浊的颜色都具有忧郁感。高明度基调的配色易取得明快感，低明度基调配色易产生忧郁感。

（2）色彩的动感与优雅

动感的色彩通常具有强烈的色彩对比关系，如黄色、蓝色、红色和绿色等；优雅的色彩组合常会使用最淡的明度高的颜色。如少量的黄色加上白色会形成浅黄色，这种色彩会使室内环境产生温馨的感觉。

（3）色彩的冷与暖

冷暖，原本是人的皮肤对外界温度变化的感觉，色彩的冷暖感觉是由物理、生理、心理及色彩本身等综合因素决定的。比如看到阳光或火时会感到温暖，站在雪地上或者黑暗的地方会感觉寒冷。我们看到青、绿、蓝一类色彩时常联想到冰、雪、海洋、蓝天，产生寒冷的心理感受（通常就把这类色彩界定为冷色）；而看到橙、红、黄一类色彩时，就想到温暖的阳光、火、夏天，产生温热的心理效应（故将这一类色彩称为暖色）。在色彩对比中，最冷的是蓝色，最暖的是橙色，蓝色和橙色是色彩冷暖的两极同时也是一对互补色。如果在色相环上把冷暖两极的蓝色和橙色连线，就可以清楚地区分出冷暖两组色彩，即红、橙、黄为暖色，蓝紫、蓝、蓝绿为冷色，如图1-69所示。

（4）色彩的前进与后退感

由于各种不同波长的色彩在人眼视网膜上的成像有前后，红、橙等光波长的色在后面成像，感觉比较迫近，蓝、紫等光波短的色则在外侧成像，在同样距离内感觉就比较后退。实际上这是视错觉的一种现象，一般暖色、纯色、高明度色、强烈对比色、大面积色、集中色等有前进感觉，相反，冷色、浊色、低明度色、弱对比色、小面积色、分散色等有后退感觉（图1-70）。歌德在《论颜色的科学》一文中指出："两个圆点同样面积大小，在白色背景上的黑圆点比黑色背景上的白圆点显得小五分之一。"

（5）色彩的轻重感

有人做过一个实验，两只大小一样的纸箱，里面装了分量相等的东西，但是颜色不一样，一只是白色，一只是黑色，让参加实验的人员去挑一只搬运，他的第一反应是去挑白色。为什么呢？因为白色看起来更轻。

决定色彩轻重感觉的主要因素是明度，即明度高的色彩感觉轻，明度低的色彩感觉重。白色最轻，黑色最重。其次是纯度，在同明度、同色相条件下，纯度高的感觉轻，纯度低的感觉重。从色相方面分析，色彩给人的轻重感觉为：暖色黄、橙、红给人的感觉轻，冷色蓝、蓝绿、蓝紫给人的感觉重。

（6）色彩的软硬感

色彩软与硬的感觉主要取决于纯度和明度。浅色和纯度低的颜色具有柔软感，反之，深色和高纯度的颜色具有坚硬感。在任何一个色相中，加入浅灰色会使其变为明亮的浊色，产生柔软的感觉，反之，在纯色中加入黑色，就会产生硬的感觉，如图1-71。

图1-70　色彩的前进与后退（作者：董婷婷/指导：刘畅）

图1-71　色彩的软与硬（作者：王佳莉/指导：刘畅）

教学示例：

图 1-72 中的四位作者分别采用不同风格的色彩语言并利用色彩的视觉特性来表现人的味觉、听觉、情感、气质等心理感觉。

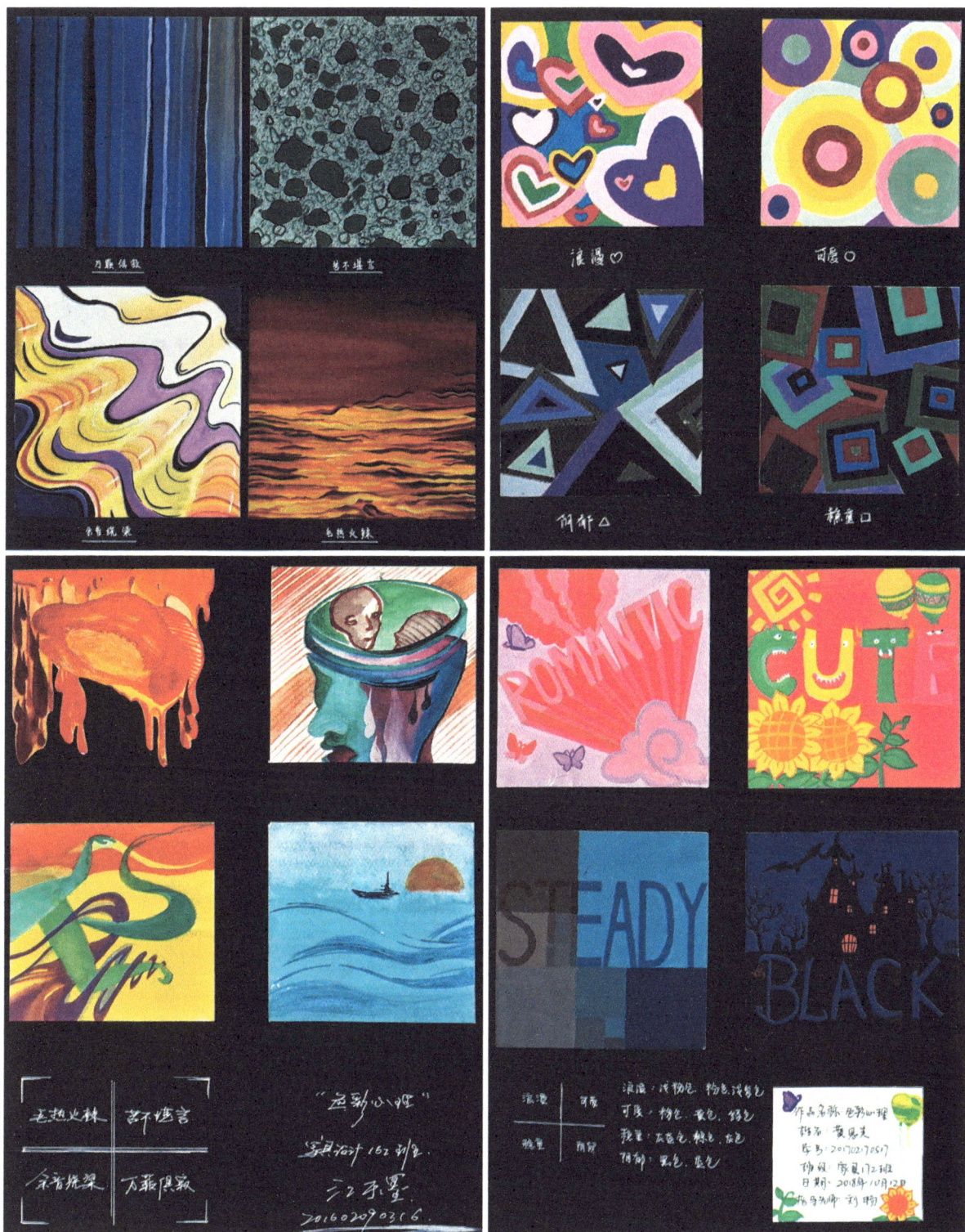

图 1-72 色彩的情感表达（作者：张珂璐、陈莹洁、江于墨、黄思美／指导：刘畅）

1.3.2　课题实践 2　色彩的联想与象征

导论

色彩心理是不同波长的光线作用于人们的视觉器官，从而产生出不同的色彩感觉。色彩就其本质来说，仅仅是波长不同的光线而已，但人类在生活中，就靠这些光线来获取大量的信息。春夏秋冬、风花雪月、酸甜苦辣等一切变化，对人生带来的影响无不通过色彩的记忆在人们的心灵深处留下烙印。因此，当人们看到某种颜色时，便自然会联想到生活经历中所遇到过的与此相关的感觉，从而引起心理上的共鸣。当色彩的联想达到共性反应，并通过文化传承而形成固定观念时，就具备了象征意义。

色彩的象征不是主观臆断的结果，而是人们在长期感受、认识和运用色彩的过程中总结而成的一种观念。当然，这些象征并没有必然性，它会随着时代、地域、民族、文化等差异而发生变化。

课题描述： 了解并掌握不同时代、地域、民族、文化、性别等差异下人们对色彩的感知与观念，准确地传达出色彩在不同情景下的象征意义。

课题要求： 分别以"豪华、朴素、古典、清新"为主题完成传达色彩象征性的图形与配色设计；注意相关色彩对应的心理效应与色彩要素间的相互组合效果。

案例分析：

图 1-73 是为国家博物馆出版的日历，共 12 个月，每个月之间的分隔页特意用了 12 个色彩，鲜明的主题配以斑斓的色彩与构图，寓意象征着祥和繁荣。

图 1-73　国家博物馆日历

知识点：

（1）色彩的华丽感与朴素感

色彩的华丽感与朴素感与色彩的纯度关系最大，其次与明度有关。红、黄、橙等暖色和鲜艳、明亮的色彩具有华丽之感。凡浑浊、灰暗的颜色具有朴素之感，有彩色系具有华丽感，无彩色系具有朴素感，强对比色调具有华丽感，弱对比色调具有朴素感，如图1-74中采用不同色调的男、女款香水瓶设计。

（2）色彩的清新与怀旧感

淡蓝色的洁净感最强，亮灰白次之。与此相反，灰黄、紫灰、带绿味的灰都显得脏。嫩黄绿色最显新，犹如植物在春天的嫩芽。而褐色、旧黄色与古铜色都是给人古旧印象的色彩，如陈年老屋和出土文物的印象。有时在设计一些需要突出新旧感的广告效果时，可以通过Photoshop进行色彩的处理而达到这样的效果。我们无法模拟过去年代的摄影条件和当时的景物，因此可以通过色彩的新旧感来表达这样的主题。

（3）色彩的动感与沉静

色彩的兴奋感与沉静感与色相、明度、纯度都有关，其中纯度的作用最为明显。在色相方面，凡是偏红、橙的暖色系具有兴奋感，凡属偏蓝、青的冷色系具有沉静感；在明度方面，明度高的色彩具有兴奋感，明度低的色彩具有沉静感；在纯度方面，纯度高的色彩具有兴奋感，纯度低的色彩具有沉静感。因此，强对比色调具有兴奋感，弱对比色调具有沉静感。

图1-74 华丽、朴素感的香水瓶设计

教学示例：

图 1-75～图 1-79 中通过采用不同明度、纯度的色彩组合来传达人们对一些客观事物的视觉及心理感受，这种象征性使我们能够通过在不同色彩间自由地组合搭配来使设计与人的情感产生共鸣。

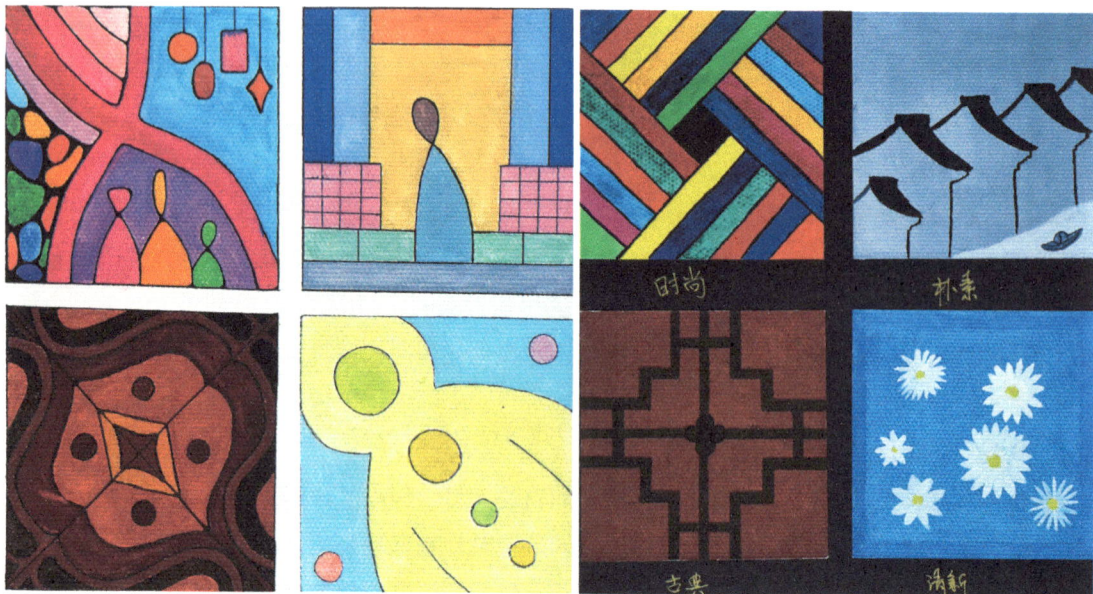

图 1-75 色彩的情感（时尚、朴素、古典、清新）（作者：崔恒湛、俞冰清 / 指导：刘畅）

图 1-76 色彩的清新与古典（作者：方诗宇 / 指导：刘畅）

图 1-77 色彩的动与静（作者：姚园/指导：刘畅）

图 1-78 色彩的软与硬（作者：周欣怡/指导：刘畅）

图 1-79 色彩的冷与暖（作者：陈旭/指导：刘畅）

1.3.3 课题实践3 视、听、味——色彩的知觉再现

课题描述： 了解色彩的知觉表达方式，寻找不同事物之间的共通联系；具有打破常规的思维习惯，探索色彩知觉的多样性及表现性。

训练目的： 通过对色彩的时间、味觉、听觉表现训练，建立色彩与视、听、味等知觉的通感敏感度，提高色彩的抒情表达能力。

课题要求：

（1）分别以"旭日东升、艳阳高照、夕阳西下、月朗星稀"为主题完成与主题相符的图形与色彩配色设计，注意相关色彩的比例与色彩间的相互关系。

（2）用色彩讲述"芬芳、浓郁、苦涩、火辣"的味觉感受，注意物象色彩与心理感受的关联性。

（3）选取一首乐曲，利用色彩的心理效应与不同调式搭配方法表现乐曲的节奏、韵律与精神内涵。

知识点：

（1）色彩与时空

在现代生活中，色彩时时刻刻陪伴着我们的成长和生活，受纬度和温度的影响，我们所处的生活环境会呈现出不同的色彩环境和色彩审美。从我国的地理位置上看，大体上分为南方、北方、西北等不同地域，南方的气候条件属于亚热带常绿阔叶林，呈现的地域色彩为郁郁葱葱的绿色景象；北方尤其是东北地区，受温带季风气候的影响，四季分明，春夏秋冬色彩变化丰富；西北地区多盆地、高原和山地，地势起伏较大，属于温带大陆气候，地理环境较差，多风沙，土黄色是其地域代表色彩；还有纬度较高的青藏高原地区，由于海拔较高，只生长着极少的苔藓类植物，山上终年积雪，蔚蓝色的天空、湖泊和银白积雪是该地域最好的代表。生活在不同地区的人们逐渐将地域景色留存在心中，形成色彩的心理记忆——家乡。

在一年四季的变化中，最让人感受到快乐的莫过于色彩的变化，百花灿烂的春、色彩浓郁的夏、金黄璀璨的秋，还有洁白无瑕的冬，无一不让人流连忘返。20世纪80年代初由美国人卡洛尔·杰克逊女士所创立的色彩四季理论就是由此而来，这是一种全新的色彩应用规律，也是西方当今各领域色彩设计和色彩营销技巧研究的重要理论依据之一。除了在一年四季中我们可以感受到色彩的变化，在不同时间的感官概念中我们仍然能够感受到色彩的存在，如图1-80中，一天中的朝阳、正午、日落、星夜等不同时间段都可以用色彩体现出来。

（2）色彩与味觉

在日常生活中，人们通过不断尝试各种食物，总结出颜色亮丽、鲜艳的食物味道比较香甜、美味；颜色偏暗、偏冷的食物味道相对酸涩。由于经验的作用，人们有时也会给颜色起名，如咖啡色、葡萄紫、杏花红、苹果绿等；在绘画用色的过程中，人们也常用味觉来评论画作，如作品中色彩的运用有点生冷味道、有些成熟味道或甜美味道；也有将味觉运用在人的性格上的，如此人性格泼辣、寒酸、羞涩等。这种在视觉与生理、心理联合作用下所产生的效应，似乎被人们广泛认同，是色彩与味觉体验融合的必然，如图1-81。

（3）色彩与听觉

音乐中有色彩，色彩中有音乐，色彩与音乐本就心心相印，在色彩表达中人们早已接受所在色彩语言中强调的调子关系就是从音乐的术语中借用过来的说法。音乐与色彩同样拥有不同的基调和情绪，或澎湃激昂，或婉约清新，不同丰富度的音乐对应着不同的色彩关系。

著名作曲家柏辽兹的《乐器法》中说："要给旋律、和声、节奏配上各种颜色，使它们色彩化"。《金色圆舞曲》《蓝色多瑙河》《粉红色的回忆》等乐曲都是把色彩的感觉引入音乐的经典示范。在色彩语言中，声音的高低可以用不同明度的色彩来表示，高的声音明亮，低的声音黑沉。热烈的音乐就用暖色调来表现，红色、金黄色、粉红、五彩等；悲伤的音乐就可以用单一的色系及黑色、白色、灰色等来表现。大气的音乐就用富贵的色调，紫色、黄色、橘红等。轻音乐则可以用清淡的颜色，绿色、蓝色等，如图 1-82、图 1-83。

图 1-80　色彩的时间表达（作者：黄瑶）

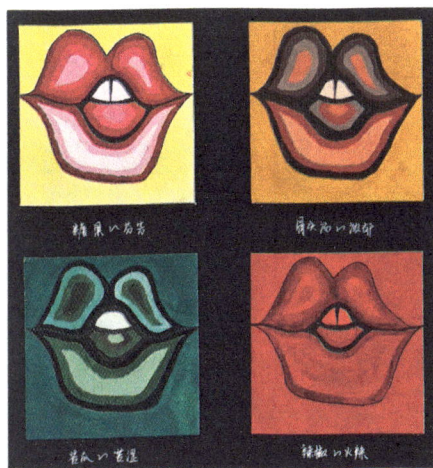

图 1-81　色彩的味觉表达（作者：陈莹洁）

图 1-82　色彩的音乐表达（作者：盛焰焰）

图 1-83　音乐《天空之城》（作者：黄思美）

教学示例：

图 1-84 中四位作者分别以不同的色彩形式来表现一天中不同的时间情景；图 1-85 是用色彩与味觉的共性心理特征来表达不同的味道；图 1-86 用色彩的调性来表达音乐的律动与情绪。

图 1-84　色彩的时间（晨光、烈日、日落、繁星）（作者：朱新异、盛焰焰、柳琼、崔恒湛 / 指导：刘畅）

图1-85 色彩的味觉表达习作（作者：盛焰焰、邢炜/指导：刘畅）

图1-86 色彩的音乐表达习作（作者：夏锦、邢炜/指导：刘畅）

02

第 2 章　设计色彩的学习方法与表现

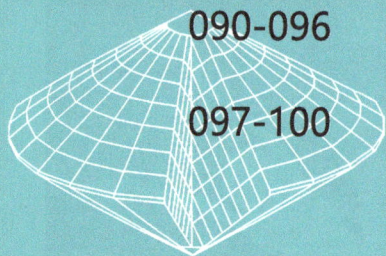

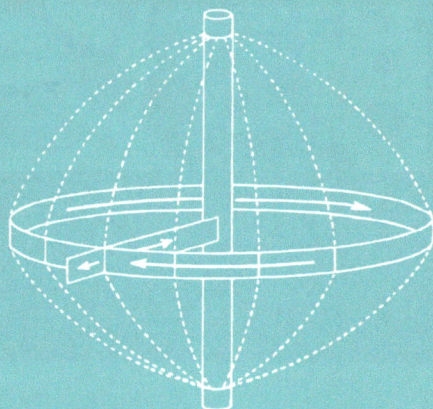

第2章 设计色彩的学习方法与表现

2.1 设计色彩学习方法——采集与归纳

导论

（1）色彩的采集

色彩的采集是从生活中的各种事物中去观察、发现多彩多姿的美，在发现中去认识周围环境中美好的色彩关系，提取美好的色彩形式，将其注入新的思维，重新构成，使其从原来的状态中走出，最终达到一种完整的、独立的、带有某种创作意义的行为。色彩的采集范围应当尽量广泛，既可以借鉴古老的民族文化遗产，从一些原始的、古典的、民间的、少数民族的艺术中祈求灵感；也可以从变化万千的大自然中，以及那些异国他乡的风土人情、各类文化艺术和风格流派中吸取营养。

色彩的采集与重构的方法，是在对自然色彩和人工色彩进行观察、学习的前提下，进行分解、组合、再创造的构成手法。这种将自然界的色彩和由人工组织过的色彩进行分析、采集、概括、重构的过程本身就是学习的一种重要途径。一方面，是分析其色彩组成的色性和构成形式，保持原来的主要色彩关系与色块面积比例关系，保持主色调、主意象的精神特征、色彩气氛与整体风格；另一方面，打散原来色彩形象的组织结构，在重新组织色彩形象时，注入自己的表现意念，构成新的形象、新的色彩形式。

（2）色彩的归纳

色彩归纳不是一个新词，它是指绘画造型，特别是装饰造型中的一种表现方法。归纳二字并非仅仅指表现手段上的整理、提炼、简化，而是一种宽泛的造型方法和造型理念，包容或涵盖了装饰造型的诸多内涵。在课程的分类上，色彩归纳仍属于色彩写生基础课的范畴，但又不同于常规性的色彩写生，它是对写实绘画的延伸或转化。通过掌握对自然色彩的分析、概括与提炼，从中了解如何将画面由三维向二维方向转化的方法，了解由写实表现形式向设计表现形式转化的过程。也便于更加理性地用色，为日后走向设计工作奠定基础。

色彩归纳是以体现色彩的第一印象及其本质特征为主；在表现形式上以色彩的整体大关系为主要表现手段，在写实的基础上，对同一景物、风景、花卉进行色彩归纳，并进行概括和提炼的实践过程。由于客观物象的色彩千变万化，因此在做这一练习时，可以先画一幅写实性色彩作业，然后再完成两幅不同处理方法的归纳色彩写生作业。色彩归纳训练，是沟通写实与装饰色彩画法的有效措施，色彩归纳需要在写生过程中对自然色彩做一定程度的主观处理，常见的处理方法有两种：一是"混合法"，即在保持原有光色关系的基础上，将几种邻近距离范围内的近似色都转化成它们的平均值色，以平均值来代替它们，尽量以平涂式处理，但并不是将对象单纯地用固有色来代替；二是"装饰化"在保持写生物象色调特征下，加强对色彩的主观处理，做必要而适度的夸张，如加强色线的曲直对比、色彩分布的疏密对比等。丰富的景物组合适宜作为写生对象，处理画面的方法除平涂色块外，还可以勾线填色，或对局部进行繁化处理等。同时还应注意色块之间的着色边线必须肯定、明确，颜色在色块内一般不能出现渐变、渗化等变化。根据对自然色彩处理的主观程度，可以将色彩归纳的方法分为以下几种。

1）写实性归纳

写实性归纳是相对于写实性绘画写生而言的。它是介于具象性绘画和平面装饰绘画之间的过渡形式。这一阶段要求对纷乱无章的物象进行秩序化、条理化的处理。与明暗素描、写实色彩写生方法相似，要领是对物象丰富的明暗变化采用减法进行归纳。办法是参照物象在光照下的受光部、背光部、受光面、侧光面、背光面、五大调子的明暗变化规律，根据需要选择一项进行明暗归纳，再结合物象形态、色彩、空间的归纳、提炼和程式化的处理。一般的写实性色彩是以反映自然的光色现象为主旨的，它是光源色、固有色和环境色的真实记录，带有较强的客观性。写实性归纳是在不违反光色关系的前提下，对物象的明暗和色彩关系加以概括、提炼，在形式上遵循客观原形的基本形态，对复杂细微的色彩关系、明暗关系做减法，使画面具有很强的立体感和装饰性，如图 2-1 所示。这种表现形式的画面效果，既有一定的光感、立体感和空间感，又富有一定的装饰意味，对于具有一定写实造型基础的学生较为容易理解和掌握。

2）平面性归纳

平面性归纳是将客观物象排除光的干扰，不求光影的变化。同时弱化透视空间，把复杂的立体形态做平面化处理。从形态构造、体面转折着手，抓住物体轮廓线并分出大的结构转折面，注意物体固有色及其明度形成的整体对比关系，进行构形、构色、构明度及程式化的处理。将层次丰富的色彩做整色提炼。因此，同写实性归纳比较起来，更涉及了在构图、造型和设色等方面全新的构成方法。平面性归纳可以分为两部分：一是相对写实的平面归纳写生；二是变形、变色的平面性归纳。前者在对画面和形象求以平面化时，要求构图仍可依照物象存在的空间状态，形体不做过多的变形，色彩也不做过多的变色，给人一种较为写实的平面化效果；而后者要求在形体处理上采取夸张、变形的手法，改变客观形象的自然状态，使之平面化；构色设置可强化主观色彩，并多采用平铺的手法，画面不求自然客观的完整，更强调秩序和形式构成的完整和新颖。这种表现形式的画面，最具平面装饰效果，如图 2-2 所示。

3）解构性归纳

"解构"即"分解重构"之意。表面上看是一种偏理性化的构成方式，但实质上是一种年轻的色彩表现方法。这种归纳不是一般性质的再现、模仿、复制，也不是一般概念的写生变化，而是透过对象的表层，深入其内部寻求本质的存在方式。因而，不仅要打破以自然形态为基准的平面化造型和整形变化的手法，而且要着重追求在变形基础上的主观"变异"。其造型的关键体现在对客观形态的抽象方面。解构性色彩归纳是一种相对新的表现方法，通过对物象的形体与色彩进行提炼、精选、打散，分解出美的、有物象特征的元素，然后再对分解出的新元素运用重叠、移位、错落、倒置、错接等表现手法和均衡、重复、节奏、对比、调和等形式法则来自由地重新组合，使之发生异变，构成新的具有抽象意味的形式画面，如图 2-3。

在设色上，主观色倾向更加突出，表现手法也更加自由，它可以减去丰富的色彩层次，改变物象原有不合适的色彩，根据画面需要，调整或添加些新的主观色彩，这种变色的手法强调面对不同客观物象的不同感受，创造出多样化的色彩画面。从表现技法上看，更适合非艺术类或没有写实造型基础的学生掌握和运用。

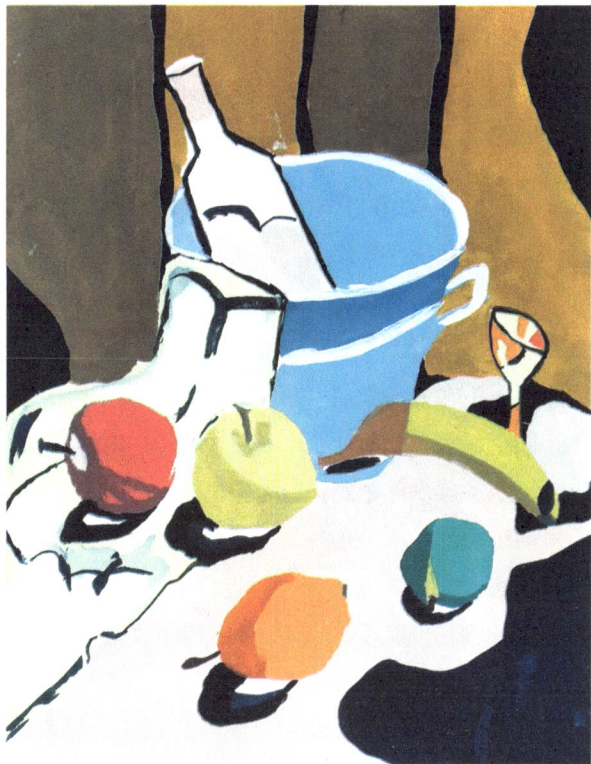

图 2-1 色彩的写实性归纳（作者：王媛媛 / 指导：刘畅）

图 2-2 色彩的平面性归纳（作者：符育铭 / 指导：刘畅）

图 2-3 色彩的解构性归纳（作者：佚名 / 指导：刘畅）

2.1.1 课题实践1 自然色彩的启示——观察、采集、归纳

课题描述： 自然色彩归纳是以客观对象为参照物来研究从自然形态到装饰造型再到抽象形态的演变的方法。要求学生具备一定的塑造能力和想象力。归纳色彩分为主观性平面归纳和写生性平面归纳，即写生归纳和以照片或杂志为主要对象来进行训练的两种练习方法。大千世界可供我们收集的自然景观和物象的色彩素材很多，通过色彩照片做归纳素材，可以使我们的色彩信息量扩大数倍，积累多种想象不到的色彩对比类型和色调关系，并利用这些资料进行间接和综合的归纳训练。同纯绘画写生相比，归纳色彩是以"平面"为主，把立体状态的物体做平面处理，排除光影的干扰，不考虑环境色的影响，将多层次的色彩进行整体的概括、提炼。

训练目的： 同一般性写生比较，归纳色彩除了描绘对象以外，其主要目的是训练学生的视觉造型和提炼表现能力，要求在作画过程中能进一步思考和研究造型、构色的多种可能性，更好地把色彩绘画基础训练和创意设计思维融合起来，为专业设计打下坚实的基础。

课题要求：

（1）在自然界中观察并采集色彩元素，然后对其进行归纳、重组并进行抽象的表现或再设计。

（2）可以写生或选择一张自然色彩照片，通过对其中色彩的提取、利用，自行绘制一幅装饰画。

案例分析：

图 2-4 通过对自然界的色彩进行收集、提取、整合、归纳后，进行再创作。图中作者打破景物原有的客观形态与色彩关系，大胆地采用了自然环境中的和谐色调，使画面赋予了全新的面貌与风格。

图 2-4　自然色彩采集重构（作者：叶小芳 / 指导：刘畅）

知识点：

自然色彩

自然是一切的源泉，如蔚蓝的海洋、金色的沙漠、苍翠的山峦、灿烂的星空、浩瀚的大自然，丰富多彩，幻化无穷，无一不向人们展示着迷人的色彩。这些美丽的景色能引起人们美好的情感，历来许多艺术家、摄影师长期致力于大自然色彩的研究，对各种自然色彩进行提炼、归纳、分析，从取之不尽、用之不竭的大自然中捕捉艺术灵感，吸收艺术营养，开拓新的色彩思路。

从和谐的色彩关系来看，自然界的色彩是最好的配色范本，因此我们会常常取用蝴蝶翅膀的配色、花的配色、彩虹的配色等。不同地域、时间、气候条件下的大自然景色以及动植物，都是取之不尽的色彩素材。有春、夏、秋、冬，还有晨、午、暮、夜的色彩，有植物色彩、矿物色彩、动物色彩、人物色彩等，如图2-5。除此之外，城市作为第二自然，由特色城市建设及各种极具风格的设施构成的城市环境色彩，俨然已成为我们色彩设计的重要取材对象与启示。

由于目前影像技术与设备的不断发展，采集色彩已由早期的写生、绘画、收集色彩标本、色料调配等复杂手段，改进为摄影、录像，并通过数码相机直接输入计算机，或以概括性速写、绘画范图经过高分辨率扫描仪直接导入计算机，按实际应用的图像标准，进行色彩重构，以达到完美的视觉效果。

知识点拓展：

色彩采集、色彩解构、色彩重组

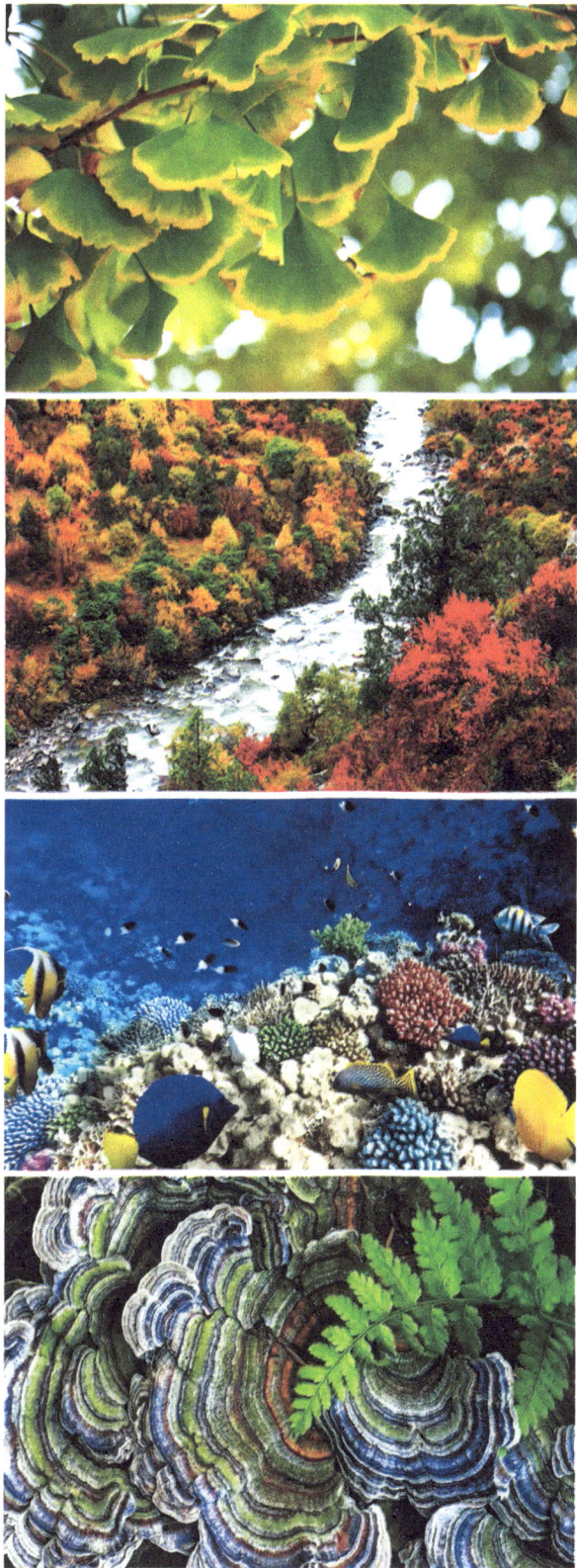

图2-5 自然界中的色彩

第2章 设计色彩的学习方法与表现 065

教学示例:

图 2-6 ~ 图 2-9 分别采用自然界风景、动物的色彩提取后进行创意图案的设计。每幅作品的风格迥异,或生动,或唯美,或抽象,或写意,极具个性与特色,形式十分丰富。

图 2-6 自然色彩采集重构 1(作者:王雯藜/指导:刘畅)

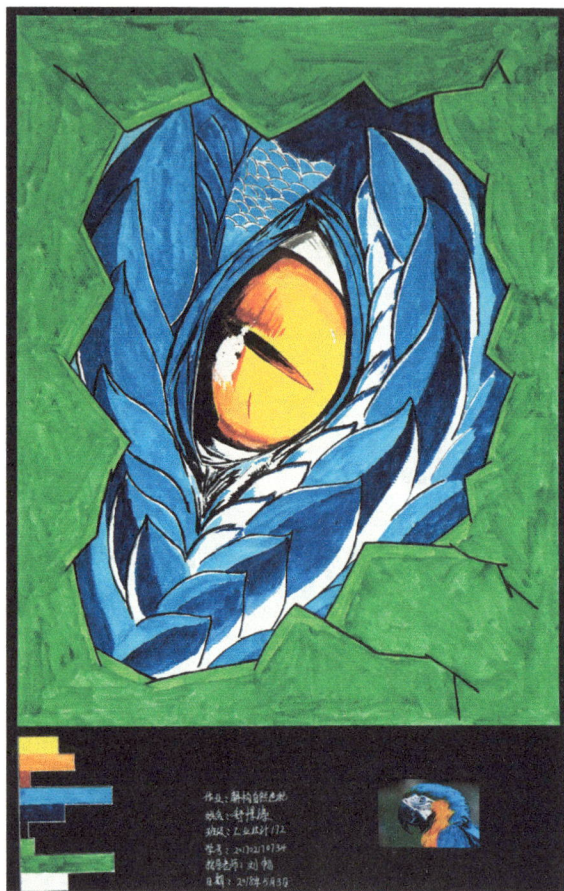

图 2-7 自然色彩采集重构 2(作者:舒憬涛/指导:刘畅)

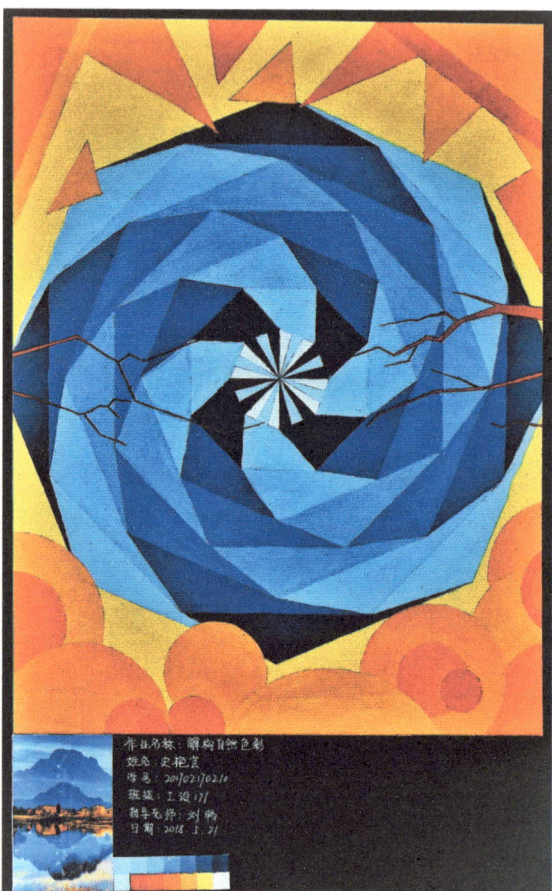

图 2-8 自然色彩采集重构 3(作者:史艳芸/指导:刘畅)

图 2-9　自然色彩采集重构（作者：郑天扬、谢梦芸 / 指导：刘畅）

2.1.2　课题实践 2　传统文化色彩采集——借鉴与变化 1

导论

　　我国的装饰色彩有着悠久的历史和传统，从原始洞窟壁画到新石器时代的彩陶，以及以后的青铜器、漆器、石窟艺术、唐三彩、织锦、瓷器、传统绘画、民间艺术等，各具特色，这些艺术品都带有当时社会文化、经济、科学的烙印，具有典型的艺术风格和色彩基调，显示出不同的艺术特征，是我们今天学习和研究的最好范本。

　　课题描述： 通过对传统色彩的观察、记录与归纳，模仿传统艺术中的色彩气氛和配色效果，有选择地做局部分解、提炼，分析其套色、比例、位置，采用解构、重构的手法，将本土传统文化和西方色彩构成理念融汇起来，探究中国传统色彩的审美规律，并加以利用。以传统色彩作为主题，解构和学习传统色彩的目的是从传统色彩风格中汲取创作灵感与营养，通过课题的训练使学生能够更进一步地了解传统文化与艺术，学习传统艺术中的精华，并能够加以应用，为未来的设计打下良好的人文基础。

　　课题要求： 设计并绘制一幅图案，选取具有特色的传统艺术作品图片，将其中的主要色彩采集出来应用到设计的创意图形与产品配色设计中，并要附上设计说明，要求色彩提取要合适，图形新颖有创意，A3 版面。

　　案例分析：

　　图 2-10 中画面采用中国传统绘画手法，将采集于传统织物中的龙纹、云纹、花卉纹样结合于一体，运用于人物装饰图案的色彩创作中，作品整体风格即富有东方绘画的古典性又具有现代色彩的装饰性。

图 2-10　传统服饰纹样采集重构
（作者：王朵朵 / 指导：刘畅）

知识点：

传统色彩

所谓传统色彩，是指一个民族世代相传的，在各类艺术中具有代表性的色彩特征。传统色彩典范凝聚着古人对色彩规律探索的经验与智慧，当我们专注于这些传统色彩时，就会不禁地发现，我们的祖先在漫长的历史长河中，所创造并沉淀下来的色彩组合与当代设计色彩教学理论中的许多规律和原则是多么的相似。我国的各民族传统艺术丰富多样，包括原始陶器、商代青铜器、汉代漆器、陶俑、丝绸、南北朝石窟艺术、唐代铜镜、唐三彩陶器、宋代青瓷、传统建筑、家具等，它们无不经典而悠久，如图2-11、图2-12。

传统艺术的用色因生活而产生，其色彩既优美又带给人一种享受。在长期的实践中，人们灵动地选择了表达色彩的方法，使其变化为具有符号特性的信息载体，并在生活和历史的进程中，形成了典型的时代化色彩意蕴。这些优秀文化遗产中的许多色彩应用都是人们学习的最好范本。如在敦煌壁画中浓重的色彩与整体壁画的风格协调一致，密不可分，各个时期的图案颜色既存在着一定的共性又有明显的区别。早期的敦煌图案色彩鲜艳淳厚，中期的图案色彩典雅富丽，晚期敦煌图案色彩明显清淡素雅。敦煌色彩代表着中国传统艺术在色彩运用方面登峰造极的成就，全面、集中、系统地展示了中国传统色彩学的发展历史，是研究、学习传统装饰色彩的运用规律和古代色彩文化的典范，如图2-13。

在中国传统色彩文化中，我们的祖先很早就提出了中国"原色""五行五色"说，并形成了中华民族独有的色彩原色观念，春秋时期的《孙子》一书中有"色不过五，五色之变，不可胜观也"的记载。至今人们称颜色仍多为"五彩缤纷""五色斑斓"。阴阳五行说中所谓的五色是由黑、白和红、青、黄构成；而当代西方的色彩三原色为"色光三原色"（RGB红、绿、蓝）和"色料三原色"（CMY青、品红、黄）。中国的青色介于蓝与绿之间，故实际上是红、黄、绿、蓝四色，从某种角度看也涵盖了色光和色料三原色。相比之下，我国的五行"原色"还多了黑白两色，也就是包含了有彩色和无彩色两个部分。黑、白是色彩的两极，"有"极归于黑，"无"极归于白，有之极和无之极奠定了以黑白代替一切色彩的传统水墨画基础。

图 2-11　中国传统手工艺品

图 2-12 中国传统建筑、家具

图 2-13 敦煌壁画临摹（作者：刘畅）

教学示例：

图 2-14 中，作者以京剧人物服装、头饰等整体装扮的色彩为素材，借鉴其色彩组合的搭配方式在创意画面中对这种组合色彩加以应用。

图 2-15 中，作者重点采集敦煌壁画中的色彩，利用其经历长时间的风化与沉淀后的色彩效果，使重新设计的画面达到自然混成的怀旧效果。

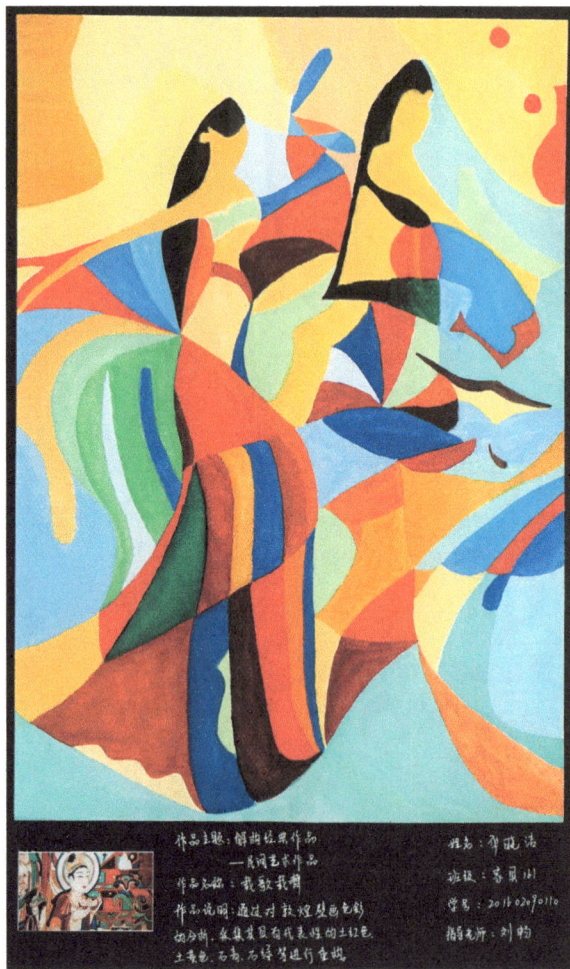

图 2-14 传统色彩采集重构 1（作者：朱彬杰 / 指导：刘畅）

学习感悟：

中国传统色彩观强调的是主观归纳，主张应该根据画面的需要和作者的感受发挥色彩的作用。因此，中国民间艺术的色彩观强调理性和归纳，追求色彩的装饰，主观表现效果。装饰性色彩观念贯穿于各种民间艺术形式之间，形成了富丽绚烂、独具一格的中国传统色彩艺术世界。中国传统艺术的色彩特征之一就是色彩的对比、夸张，而在夸张的对比中又通过黑、白、灰的调和使色彩之间不失协调与和谐的效果，这是我们学习的重要手法之一。

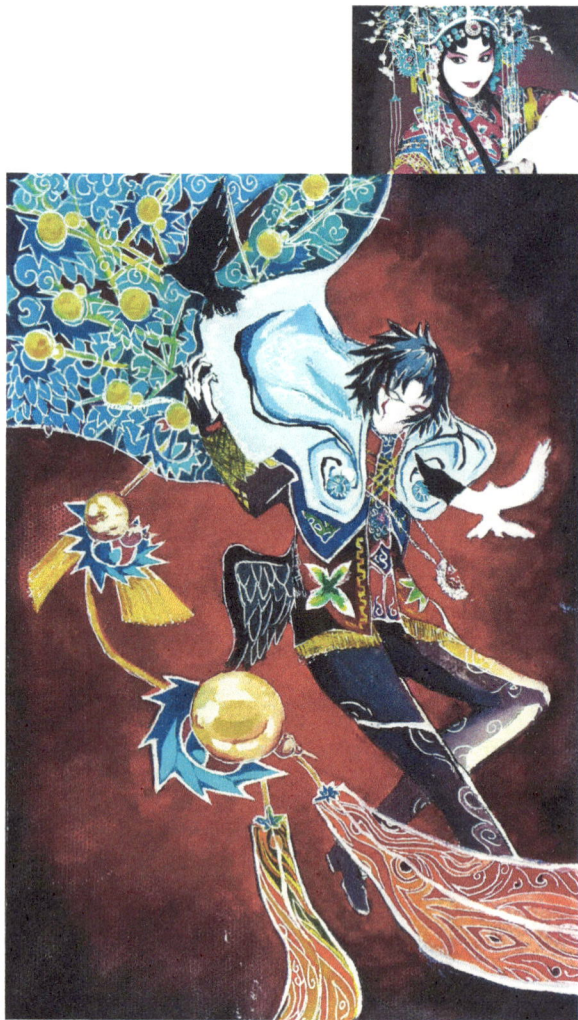

图 2-15 传统色彩采集重构 2（作者：华晓洁 / 指导：刘畅）

2.1.3 课题实践3 民族文化色彩采集——借鉴与变化2

课题描述： 我国的各民族传统艺术内容丰富，形式多样，包括建筑、服饰、生活用品、装饰品等都有着强烈的民族风格。这些艺术品均带有各民族的文化烙印，代表着不同民族的艺术特征与品位。此外，世界各国、各民族的民间文化中同样蕴藏着丰富的色彩艺术宝库。课题通过采用不同的方法去研究、借鉴各民族民间传统艺术中的色彩，意在将民间美术的最佳色彩组合运用到现代设计中，更好地继承传统并创造出更适合现代审美趣味的形式和色彩语言。

训练目的： 通过解构不同民族的民间色彩，从不同民族的传统色彩风格中获取创作灵感，借鉴民间传统色彩，将本土传统文化和西方色彩构成理念融汇起来，提升我国现代色彩设计中的文化与精神内涵，从而在继承传统的基础上能够更好地发扬与创新，为当代设计服务。

课题要求： 对中国或其他国家民间艺术的色彩规律进行分析和研究，选择不同民族艺术的作品图片，将其中的主要色彩采集出来应用到适合的图案配色设计中，并要附上设计说明，要求色彩提取要合适，新颖有创意，A3版面。

知识点：

（1）民族色彩

民族艺术是土生土长、最贴近人民生活、为人们喜闻乐见且实用性很强的艺术。它以各民族民间艺术的形式加以展现。其内容包括生活器具、玩具、民间陶瓷、剪纸、木版画、织绣、蜡染、扎染、民族服饰等，这些民间艺术品具有纯真、质朴的品质和鲜艳、浓烈的色彩。在这些无拘无束的自由创作中，寄托着真挚纯朴的感情，流露着浓浓的乡土气息与人情味，在今天看来，它们原始又现代，极大地诱发了学习者的好奇心与创造性。

（2）中国民族色彩

中国民族色彩追求热烈、热闹、喜庆的气氛，有着丰富的色彩象征意义，常运用传统的阴阳五行观，对色彩进行联想、抽象、假想的结合。色彩与五行、季节、方位、气象、味道一一对应，产生了丰富的情感和象征含义。民间用色有着鲜明的风格特点，如软硬兼施即把大红、深绿、黑色称为硬色；把淡灰或加粉的天蓝、粉红、粉绿、淡黄一律称为软色。这就是画诀提到的"软靠硬、色不楞"。此外，民间美术在色彩的透视变化规律上有很多运用的法则，如山东木版年画"门神"，色彩的搭配正好是"紫是骨头、绿为筋，配上红黄色更新"等。粗犷威严的门神形象配以红、绿、黄、紫等色块的间隔，既能产生热烈喜庆的气氛，又有驱邪镇恶的"神力"。从民间色彩的整体观念和特征来看，它既具有传统色彩的象征意义和内涵，又具有深厚的文化底蕴。同时，又重视了色彩的视觉审美效果，呈现出斑斓多彩的绚烂景象，为我们进行色彩解构与重构提供了无限的可能（图2-16）。再如民间画诀亦云："红要红得鲜，绿要绿得娇，白要白得净""红间黄，秋叶堕；红间绿，花簇簇，青间紫，不如死；粉笼黄，胜增光"等，其色彩搭配体现着朦胧的补色感知，又强调了原色的运用，色彩也呈现出单纯、明快的色彩特征。

在中国传统戏剧的脸谱中，色彩是体现人物面貌，揭示人物身份、性格、品质的重要手段。诸如，红色象征忠勇、正直、侠义。黄色象征剽悍、残暴、阴险。蓝色象征粗犷、骁勇、草莽。绿色象征暴躁、强横、刚勇。紫色象征沉稳、果断、忠义。黑色象征耿直、刚烈、粗率。白色象征阴险、狡诈、奸丑。金色和银色象征有虚幻之感的神、佛、妖怪等。红脸的关公、黑脸的包公等这些经常在舞台上亮相的戏剧人物，其脸谱色彩所象征的意义几乎是中国老百姓家喻户晓、妇孺皆知的（图2-17）。

中国是一个多民族国家，每个民族都有自己对色彩的独特感受和表达，但由于中华民族的交融，各民族之间相互影响，在色彩的审美上既有差异又有许多相同之处，这也是中华文化的整体认同。由于中国的少数民族众多，艺术形式十分丰富，我们这里就不一一阐述了。

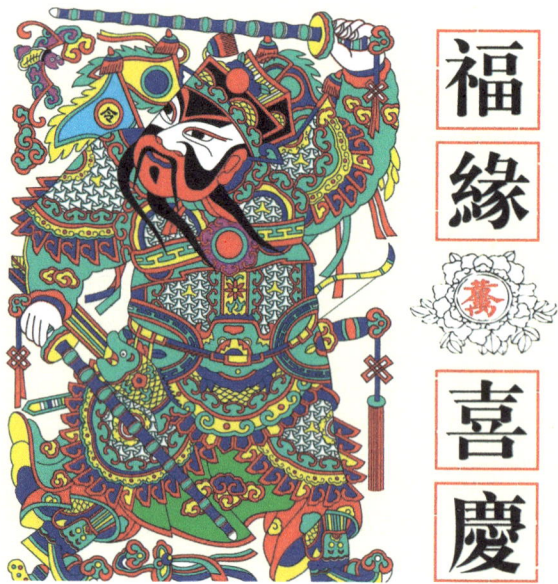

图2-16 民间艺术色彩

图2-17 京剧脸谱色彩

教学示例：

图 2-18 采用京剧脸谱的色彩搭配进行装饰性的创作。图 2-19 以传统民族蜡染图案为素材，将其色彩组合加以提取进行人物图案创作。

图 2-18 传统蜡染色彩采集重构 1（作者：郑趣 / 指导：刘畅 ）

图 2-19 传统蜡染色彩采集重构 2（作者：王思棣 / 指导：刘畅 ）

（3）其他国家地区民族色彩

世界各地不同民族对色彩的不同理解和感受以及表现形成了色彩的不同地域性特征，这种特征受不同国家文化、政治、经济和传统的影响，反映出不同国家与民族的不同心理感受。全球化进程走到今天，人们对色彩的喜好更趋向国际化发展方向。但同时，保护文化生态的独立性呼声也愈加高涨，在色彩研究领域保持独特文化视角还是趋向所谓的国际化，同样值得我们去深入探讨。

各种共性化的色彩观念是社会文化意识的一部分，常常具有明显的地域性、民族性、团体性和时代性等特征。并且，共性化的色彩观念还能够在一些地域范围内形成特点突出的色彩视觉要素和色彩应用的传统习惯。在全世界的范围内，不同的民族和区域中都存在着最典型的色彩视觉要素和应用传统。这些典型的色彩视觉要素和应用传统又能够成为影响该民族和区域色彩审美观念的重要因素。因此，我们可以通过对不同国家、不同地域、不同民族、不同时代的人对色彩的态度的比较，了解在色彩观念中存在的各种差异，以及人文色彩的丰富性。

例如，德国人普遍喜欢偏冷的色调，法国人普遍喜欢偏暖的色调，而意大利和西班牙人则普遍喜欢比较鲜明的暖色调。在中国民间传统中，红、绿、黄、黑、白的配合构成了中国民间最典型的色彩视觉要素。而在这种典型色彩视觉要素以及应用传统的关系中，又能够反映出具有强烈民族特色的色彩审美观念。例如，在汉族的传统风俗中，常常用白色象征死亡，是一种在丧葬仪式中普遍采用的服饰色。在欧美国家的观念中，白色则象征着纯洁，是一种在婚庆仪式中普遍采用的服饰色。随着时代的变迁以及不同民族文化的相互交流与融合而产生的审美观念变化，使得这种欧洲传统的对于白色服饰的理念已经在现代中国的老百姓中得到比较普遍的认可。目前以白色的婚纱替代大红的传统结婚礼服早已是汉族年轻人必备的一种时尚服装，而对于白色服饰的认识观念也随着时代的发展而扩展、丰富和变化。

当下，人们的色彩观念并不是一成不变的，而是随着社会环境的变化而不断丰富、发展、变化的。一些曾经在不同地域、民族之间差别比较大的色彩观念，随着文化交流而得到传播并且被不同地域、不同民族的人们所逐渐的接受和认同。

教学示例：

如图 2-20，日本浮世绘色彩采集重构。浮世绘艺术，初期原为肉笔浮世绘，即画家们用笔墨色彩所创作的绘画，而非木刻印制的绘画。肉笔的浮世绘，盛行于京都和大阪，这个画派开始是带有装饰性的。它为华贵的建筑作壁画，装饰室内的屏风。在绘画的内容上，有浓郁的本土气息，有四季风景、各地名胜、尤其善于表现女性美，有很高的写实技巧，为社会所欣赏。这些日本绘师的技术成就，代代相传，遂为其后的浮世绘艺术开导了先路。在公元 1643 年至公元 1765 年前后出现浮世绘的印刷技术，达到一个高潮，如锦绣万花，绚烂多彩，代表了日本民族在艺术上的高度成就。在亚洲和世界艺术中，它呈现出特异的色调与丰姿，历经三百余年，影响深及欧亚各地，十九世纪欧洲从古典主义到印象主义诸流派大师也无不受到此种画风的启发，因此，浮世绘具有很高的艺术价值。

图 2-21 将采集传统民族织物图案色彩与西方抽象大师作品相结合，作品很好地体现了传统元素与现代风格的融合。

图 2-20 浮世绘采集创意（作者：方诗宇 / 指导：刘畅）

学习感悟：

中华民族色彩文化在长时间的发展进程中，随着民族文化与哲学理念的成熟与完善，形成了民族特色鲜明、文化底蕴丰厚的色彩体系。这一体系在各式各样的民间美术中呈现出五彩斑斓的景象，饱含着民间的精神符号，其内涵和寓意远远超过了一般的色彩审美功能，显现出中华民族鲜明的文化特征和独特的审美趣味，为现代色彩设计提供了丰富的素材和资料。在学习时需对中西装饰色彩进行比较，能区别各自的用色习惯和特点。要善于收集经典和特色的色彩作品，激发学习的兴趣点，并通过细心的研究而后得到其中的精华。

图 2-21 民族色彩采集创意（作者：何媛媛 / 指导：刘畅）

2.2　设计色彩的风格与表现——写实与装饰

2.2.1　课题实践 1　色彩写实性归纳训练

课题描述：写实性色彩归纳是从具象到抽象训练的开端，是设计色彩作为基础教学的重要手段。它是在不违反光色的前提下，对事物进行色彩概括提炼，描绘事物的基本形态、色调冷暖、色彩明度及结构，是表现客观实体的基本形式，使画面更具有装饰性、整体性和特色性。通过色彩写生对画面进行色调与色块的归纳表现，更适合色彩学习初级阶段对色彩理解力及对画面内容表现能力的掌握。一般以色调为主，通过对不同色彩的局部归纳，以色彩明度的原理进行一定的形态塑造。

训练目的：写生的目的是训练学生把自己观察到和体验到的色彩通过手和眼复原或创造性地复原到平面上。通过一段时间的训练旨在让学生养成"感性认识，理性分析"的思维模式，能够培养学生的色彩观察、理性分析、艺术表现的色彩技能。这种思维模式和基础技能的培养，可使学生在日后的设计领域中，理性地应用色彩的同时，又能感性地主观表现个人对色彩的喜好。

课题要求：

（1）对物体固有色、光源色和环境色之间的关系有基本的认识和表达。

（2）能表达出客观事物的基本形态，并将客观色彩进行一定程度的归纳再现。

（3）建立色彩写实归纳表现方式的美感意识。

（4）可根据规定的主题或物象内容做适当的主观改动，表现风格与手法不限。

案例分析：

图 2-22 是写实性色彩写生作品，画面以客观色彩为主，加以适当的主观表现。图 2-23 是以客观色彩为参考，以主观色彩表现为主的写实性归纳色彩作品，画面色彩整体感较强，部分摆脱了客观色彩的束缚，强调一定的主观意识的表现。

图 2-22　写实性色彩（作者：刘畅）

图 2-23　写实性归纳色彩（作者：刘畅）

知识点：

（1）构图创意

归纳色彩的表现手法相对较平面化，可抛开焦点透视对客观对象立体空间感和远近虚实感的表达，平面化地采取物体与物体之间的前后位置来确定画面的空间虚实。在构图上可以根据作者的主观想法及画面的需要，采取选择、移位的观察方法，减少透视造成的物体与物体之间的重叠、遮挡，建立灵活、自由、错落的位置关系及形态，使物体的形和空间位置关系达到完整，避免"一条线"构图。

（2）形态的变化

在归纳色彩中，所谓的平面化构形并不是要求学生把原物体形象过分地改变或完全变成另一个物体形象，而是在尊重客观物象的基本形态的前提下，用平涂的方法处理物象的各部分色彩变化，不要求逼真的三维立体效果。在处理物象时，放弃其所呈现的多个明暗层次，如亮部、暗部明暗交界线、投影部分等，直接将物象繁杂的素描细节简化，尽可能使物象在画面中达到舒展、完整的效果。

（3）主观着色

在着色上，概括、平涂是归纳色彩表现手法的特点。对物象着色时，脑海始终保持着平面化的整体处理想法，舍弃复杂的细节。用色上不考虑物象的亮部、暗部和中间部分的面积，以及投影、高光等关系变化，而是整体地观察、概括物象丰富层次的变化。画面上强调物体之间的色块对比，主观地使用物体固有的颜色，光源色、环境色可根据画面的需要来实行画面面积的配置。最后在画面中可以根据构图及画面的需要，在一些局部上加入点缀和纹样作为细节处理，增强画面的视觉效果。

教学示例：

图 2-24 中作者虽对采集作品的色彩进行了明显的概括，但总体仍然保留了物体原来的形态和基本色彩倾向，可以归为相对写实的范畴。图 2-25、图 2-26 则基本写实，略带有一定的主观性色彩归纳。

图 2-24 写实性色彩归纳 1（作者：方丽薇 / 指导：刘畅）

图 2-25　写实性色彩归纳 2（作者：许智嘉 / 指导：刘畅）

图 2-26　写实性色彩归纳 3（作者：张珂璐 / 指导：刘畅）

2.2.2　课题实践 2　色彩装饰性训练

课题描述：色彩的装饰化表现是继色彩的归纳训练之后的又一个培养具备设计思维能力和设计表达手段的重要方式，主要以风景、花卉、人物为对象进行装饰色彩的技法练习。以主观性为主，以美化画面为核心，运用归纳、变形、夸张、象征、平面化等表现手法，讲究色彩自身的韵律效果，强化人们各自不同的直接感受，而并非强调再现描绘物象的色彩变化规律和客观存在的形态。装饰色彩强调将特性追求和形式美的格调作为研究的主要内容。在运用时，不是被动地观察和描绘，而是主动、自觉地去发现和创造。因此，在表现形式上，往往可以改变客观物象的色彩关系和自然形态中固有的面貌，而不考虑是否是真实的色彩关系，在画面中注重色彩之间的和谐关系以及新的表现风格，在创作中可以运用对比、调和、节奏、韵律的表现形式，或者采用组合、推移、透叠、分解、重组等表现手法，形成完整的、带有装饰风格的色彩视觉作品。

训练目的：通过训练，掌握装饰色彩的形式特点与表现方法，学会运用归纳、变形、夸张、象征、平面化等表现手法，能够利用恰当的色彩语言表现既具有形式美感又体现个人情感的色彩效果。建立起良好的装饰色彩审美感觉。

课题要求：

（1）选取一幅以静物、风景、人物、动物等题材为内容的场景或写实性图片，在原作内容基础上对其色彩进行装饰性的改变，绘制一幅装饰画。

（2）将原作的色彩进行提取，利用归纳、变形、夸张、平面化等手法的处理，构成一幅新的画面，使画面色彩具有装饰性的形式美感。

（3）画面形态与色彩可根据个人喜好进行适当的主观发挥，要保持色彩的风格化与协调性的统一。

训练方法：首先，练习应循序渐进，由归纳写生开始过渡，在色彩归纳的基础上尽可能地强调其装饰性，将形体与色块较大程度地整合。其次，可以尝试"减色"的方法，只用几种主色相，根据不同搭配形式，产生各种不同的色彩样式。最后是"套色法"，吸收古今中外优秀装饰作品的色彩，尤其是装饰绘画和图案设计的主要用色。除此之外，装饰色彩同样重要的还有体现色彩效应的描绘手法，如用色点缀、勾线描边、渐变、间隔色块等，可以增强画面色彩的丰富性与装饰性，使画面色彩呈现出循序感，从而使色彩效果达到和谐优雅。

图2-27 大鱼海棠（作者：陈旭/指导：刘畅）

案例解析：

图2-27以动画电影《大鱼海棠》为题材的装饰绘画作品，作者提取了电影中的主要人物形象与场景进行创作，作品画面形式唯美，采用传统动画艺术表现的方式，无论在色彩上还是在造型上都极其富有东方绘画的形式美感，装饰性十分强烈。

知识点：

（1）装饰色彩的特征

1）应用性强

装饰色彩是在自然色彩的基础上，再进一步变化、加工、概括、提炼、想象、夸张的色彩，它的应用范围很多是在工艺及实用美术设计领域中，因为它总是附属于一件实用的物品或装饰器物之上，所以具有较强的实用性，与社会生活的关系更为密切。如视觉引导标识，用色就要强烈、鲜明和单纯；陶器用色则要含蓄、稳重；家居用品一般要体现柔和温馨，如图 2-28 所示。另外，由于使用对象的职业、年龄、性别及使用环境的不同，对装饰色彩的使用要有严格的区分，脱离了实用性就违背了装饰色彩美化生活的本意，也就谈不上美观了。

2）多样性广

不同的装饰性色彩可形成多样的视觉氛围，可应用到公共场所、文化设施、广告宣传、印刷出版等各个领域，装饰色彩无时不在地美化着人们的生活空间，更随着时间的推移不断地影响着人们的审美观念和行为方式，它将美的信息传播到了世界的各个角落。如图 2-29 所示，在环境艺术设计、公共艺术设计、室内设计等领域不难看到装饰色彩的魅力，合理地运用装饰色彩，成为人们居住环境舒适、健康的保证。在服装服饰设计中，人们也可以窥见装饰色彩的魅力所在，搭配得当的装饰色彩令服装服饰新颖出色；在城市雕塑与壁画设计中，装饰色彩的运用随科技发展、材料更新展示着新时代的风采；在广告招贴中的装饰色彩，灵活多变、巧妙适宜地表现出强烈的视觉张力及冲击力，从而赢得了人们视觉的关注与心理的好奇，让人留下了深刻的视觉印象。由此可见，装饰色彩应用的前景空前广阔，有着强劲的生命力和广泛的应用性。

3）易商品化

随着经济的发展、社会环境的改变、人民生活水平的大幅度提高，许多以前让人望而却步的装饰艺术品都已步入寻常百姓家，人们对既经济实用又美观的作品的需求越来越大。工业化生产下，产品色彩的面积和套色的多少等系列因素，都决定着产品的质量和成本。因此，设计者创意构思时，要考虑到这些因素，如尽量减少套色的数目，可通过设计减少成本，又达到色彩丰富的效果。所以，设计者要有丰富的用色知识和良好的色彩修养，此外还要历经多年的艺术实践，方能设计出既经济又实用美观的作品。例如民间常用二或三次套色，而蓝印花布则只有一套蓝色，但由于设计构思巧妙，仍然能在朴素中求得高雅，是装饰色彩经济性用色的典范，千百年来为人们所钟爱，如图 2-30 所示。

4）象征性强

装饰色彩绚丽而又富有强烈的调性，或金碧辉煌，或素雅秀美，或浓烈悦目，或富丽华贵，充实着人们的社会生活，饱含着各种寓意。如绿色象征着万年长青，红色寓意四季红火，紫色表示高贵善良等，斑斓纷呈的装饰色彩是精神的外化，是情感的物化表现。人们对色彩有着天然的敏感性，通过装饰色彩可以很好地烘托出意境和情调。苍天碧海、高天红霞，常常震撼着人们的心灵，但语言比喻却无法完美诠释。所以，装饰色彩的象征性是文字与影像所不能取代的，惟有用丰富的色彩才能装饰出这壮丽华美的意境，如图2-31。

图 2-28 陶瓷产品色彩

图 2-29 室内设计色彩

图 2-30 蓝印花布图案

图 2-31 吉祥服饰图案

（2）装饰色彩的表现方法

1）简化与限色

装饰色彩的简化与限色手法是要求把对物象自然色彩的感觉进行概括、提炼，省去烦琐次要的部分，突出强化物象的美感特征，使简化后的物象色彩高于自然，更具典型性。从写实色彩转换到平面色彩必然需要对色彩的简化，而限制色彩种类又是简化有效的手段，单纯的色相组合及简洁的用色种类是形成色彩装饰感的有效手法，因此简化色彩与限制色彩的表现手法是保证装饰效果的重要手段之一。简化与限色是在色彩上做减法，利用色彩平面的分割、并置、透叠、推移、呼应等手法构成新的丰富的色彩视觉效果。如图2-32，中国民间木版年画只用了5种色相却以丰富的配色程式获取了多彩的画面效果。又如野兽派绘画大师马蒂斯的作品就用"简约"与"大色块"的语言形式构成了强烈的视觉效果。在归纳中求释放，在限制中求突破，力求用少量的色彩创造极为丰富的画面效果，这正是装饰绘画色彩特有的装饰手段。简化法通常会省略色彩间的溶混、渗化等效果，多以明确边界线形式出现，因此以平涂为主的平面形式与简化限色通常结合使用。

2）夸张与变色

装饰色彩在用色上常以设计者的心理感受为依据，对自然物象的色彩加以改变。这种主观色调的画面要求色彩搭配上整体和谐。画家们为了画面的统一和谐，往往改变客观色彩关系，在排除环境色和固有色作为单一表现依据的同时，更讲究夸张与改变现有形式。

夸张是对物象典型的部分加以夸张，突出自然物的特有色，使艳的更艳，亮的更亮，灰的更灰。变色是将物象的常态色根据主观意图作较大程度的偏离，或根据表现需加以根本性的改变。如现实中大海是蓝色的，但画家可以根据画面的需要改成黄色或者其他颜色。

从某种角度讲，夸张与变色性质上并无区别。夸张与变色可以是常理性的夸张变化，也可以是悖理性的夸张变化。前者是在符合自然规律与视觉现实的前提下进行色彩的整理加工，属于普遍合理现象，如静物画中的椅子原是白色的，橘子是橙色的，但表现时却改为椅子是绿色的，橘子是红色的，这种变化没有超越常理，符合自然逻辑，属常理性变化；而悖理性则是把自然物象的颜色变成奇特的、毫无可能性出现的色彩，是一种主观色彩极浓的联想变化，如图2-33马蒂斯的作品《The Cat with Red Fish》，在表现动物与周围环境色彩时，全部采用三原色来表现，这种有违常理的色彩表现是为了追求画面红、黄、蓝3种色彩简洁明快的对比效果而产生的，具有极强的创新性，是一种彻底的改变。这种用色习惯，还可以在农民画中看到，为了画面色彩的感官需要，创作者采用了如红色的牛、蓝色的大地、绿色的皮肤等一些有悖自然逻辑的色彩。所以夸张变色实质上又是一种"创色"，不受"真实性"的约束，极为强调形式美与主观表现，是一种主动的创造，是装饰绘画色彩的必要表现手段。由于装饰绘画本来就不受"真实性"的限制，极为强调形式美与主观创造，因此装饰色彩的夸张与变化实质不应是被动式的处理，而应是具有创意成分的、主动的创造。

3）空间分割构成

将色彩进行空间分割的方法也是色彩装饰化表现中的另一重要手段。所谓的分割构成，指的是把一个限定空间划分为若干形态，形成新的整体，是画面结构和视觉空间的一种特定的分割的手法。这

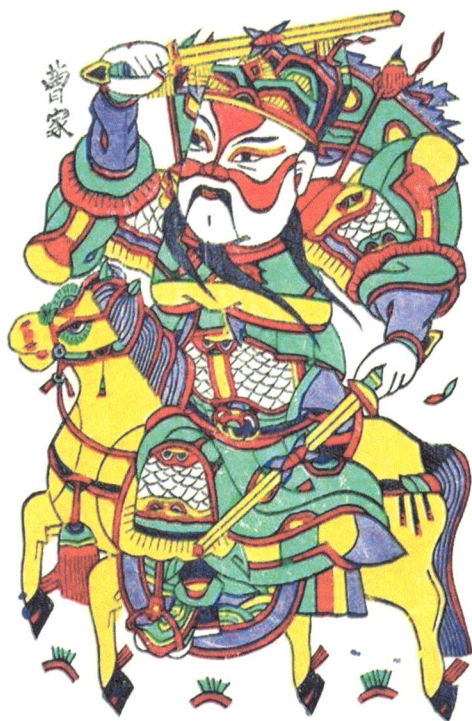

图 2-32　五色木刻版画

图 2-33　The Cat with Red Fish（马蒂斯）

种分割可以构成强烈的色彩调性，画面划分成各种不同的面积、空间并将物体变形后再一一进行组合排列，用色块的有机组合可构成新的、丰富的色彩形式。如现代艺术大师毕加索、布拉克等作品都有这方面的倾向，如图 2-34 所示。由于装饰色彩的主观性，色彩的面积大小、对比都是在巧妙的分割构成中体现出来的，但并非无原则地任意分割与排列，而是必须遵循形式美学的规律来进行。

4）装饰肌理的表现

所谓肌理是指物质表面的构成纹理，也称为质感，有视觉肌理和触觉肌理两种。在装饰色彩的设计中，肌理的营造可使色彩对视觉产生丰富的语义效果。利用不同的材质和肌理的独特表现力构成一个奇妙的画面，增强绘画的表现张力与视觉魅力，强化色彩的丰富和谐。如用不同的工具（画笔、滚筒、海绵等）蘸取大量颜色与适当的水分，通过喷洒、擦刮、拓印、渍染等手法将积存的颜色与水进行吹散、敲打形成色彩的自然融合、撕裂、旋转等不同的肌理效果，视觉效果轻盈、自然、潇洒；或以海绵、纱布、纸团、丝瓜络等工具蘸取颜料，在画面上点、按、拍，可以出现疏松、干枯，类似枯笔的粗犷斑驳的肌理；或直接以植物叶片、织物甚至手指蘸色拍打于画面，形成特殊的肌理，如图 2-35、图 2-36 所示。

知识点拓展：

写实色彩、色彩混合法、色彩归纳法

图 2-34　画面分割（毕加索）

图 2-35　装饰肌理（作者：汪润之 / 指导：刘畅）

图 2-36　装饰色彩肌理（作者：刘畅）

教学示例：

图 2-37 是以形式美手法为主的画面色彩构成方式，图2-38 则利用画面分割的构图方式配以平面化的色彩，两种画面都具有较好的装饰效果。

图 2-37　装饰色彩作品（作者：蔡舒虹 / 指导：刘畅）

图 2-38　装饰性色彩（作者：王瑛瑷妮、舒叶子、吴子归等 / 指导：刘畅）

2.3 设计色彩的创意表达——解构与意象

导论

色彩解构是将原物象美的、和谐的色彩元素分解后注入到新的结构体和环境中，使之产生新的生命。画面中的重构，指根据采集对象的形色特征，经抽象的过程在画面中进行重新组织的构成。在色彩创意的练习中，这一训练是继采集与归纳训练后重点研究联想、创意的环节，是探索创造性地运用色彩的有效途径，是从初级的借鉴通往高级的色彩设计创作的一座桥梁。在对经典色彩借鉴中，能使人们在整合色彩的同时，提高分析和解剖色彩的能力，加深对色彩审美意识的培养，是建立美好色彩观的必经之路。

2.3.1 课题实践1 同大师对话——借鉴与重构

课题描述： 从传统古典色彩到现代印象派色彩，从拜占庭艺术到现代派艺术的色彩，从蒙德里安的冷抽象到康定斯基的热抽象，大师的绘画色彩无一不值得我们学习和借鉴。在向大师的学习中，把大师通过长期探索得来的成果吸收为己用，在对大师色彩的深入研究中汲取大师的艺术精神养分，再根据原作的基本色彩关系构成进行重新创作。此外，从世界艺术的历史长河中看，无论是埃及动人心弦的原始色彩还是古希腊冰冷的大理石色调，无论是阿拉伯世界的清新色彩还是充满土地色调的非洲色彩，或是东方含蓄而又审慎的中性色调，再到热情而豪放的拉美暖色调等，都是可以作为我们学习色彩的宝贵灵感来源。

训练目的： 通过对大师色彩的学习研究，熟悉大师的用色技巧，能够灵活地借鉴、挪用大师的色彩构成关系，把大师的经典用色方法转换成自己的方法，再通过解构色彩的训练，引导学生对色彩进行拆解、分析、重置、创新。

课题要求： 选择有代表性的大师设计作品或色彩关系强烈的经典作品，在保留原作的色彩精神的前提下对其进行打散重构。再重新绘制一幅装饰绘画作品，主题与形式不限，画面大小A3版面。

图 2-39 大师作品解构（作者：林艺茹/指导：刘畅）

知识点：

（1）解构过程

解构色彩包括两个过程：一个是色彩分解，另一个是色彩重构。初始阶段的解构是一个采集、过滤和选择的过程；后续阶段的重构则是将原来物象中的色彩元素注入新的组织结构中，重组产生新的色彩形象，但仍不失原图的意境。在采集重构过程中，要从采集色彩资料中分析出各种色彩，经过整理、归纳出典型的配色体系，设色于重构的画面之中，要注重色彩关系的变化、取舍，根据自己的色彩审美感知恰如其分地营造感觉。

（2）重构方法

1）整体色彩按比例重构

整体色按比例重构是指提取原始影像，将所需色彩对象较完整地采集下来，抽象出几种典型、有代表性的色彩，按原色彩关系和色彩面积比例做出相应的色标，整体地运用到重构的作品中。这种方法能够充分体现和保持原物象的色彩面貌。

2）形色同时重构

许多物象色彩的表现是建立在特定的形和形式之上的，尤其是自然色彩，所以在重构的过程中，将原始物象的形同时进行考虑，效果可能会更好，更突出其色彩整体特征。

3）整体色不按比例重构

整体色不按比例重构是指将抽象出的几种主要色彩等比例地做出色标，根据画面的需求有选择地应用。由于不受原色面积和比例的限制，色彩运用灵活，所以有可能进行多种色调的变化，重构作品的效果仍能够保留原影像的色彩感受。

4）部分色彩的重构

部分色彩的重构是指从提取的色彩中任意选择所需的色彩进行重构，可以是一组色，也可以是单个色。这种方法使色彩运用更加自由、生动，并且不受原配色关系的束缚。

5）色彩调性的重构

色彩调性的重构是指依据采集对象的色彩风格和色彩感情进行"神似"上的重构。重构后的色彩和色彩关系与原物象很接近，也可能有所变动，但必须注意的是，"解构"并不是随意地将某个形态（或物像）打散或进行简单的再组合，而是对原形态的结构进行剖析后有意图地再构。

教学示例：

图 2-40～图 2-42 中，学生通过或写实，或抽象，或创意的手法将经典作品重构成天真、浪漫、富有趣味的画面。

图 2-40　大师作品解构 1（作者：朱彬杰 / 指导：刘畅）

图 2-41　大师作品解构 2（作者：郑天扬 / 指导：刘畅）

图 2-42　大师作品解构 3（作者：吴海佳、文艺、舒叶子、史艳芸 / 指导：刘畅）

2.3.2 课题实践 2 意象色彩表现

课题描述： 意向色彩是设计色彩的纯粹主观表达阶段，通过一定的色彩知识的学习与对经典的借鉴后，作者可根据个人对色彩的理解与喜好，根据一定的主题进行自由发挥与创作，作品形式可以是写实性、装饰性、抽象性。在内容上可选择人物、动物、风景、静物等众多题材，以强调主观意识，追求内心感受，变自然色彩为主观色彩，感悟色彩本质为核心理念。

训练目的： 通过训练，使学生掌握色彩创作的参考、学习、借鉴方法，以对经典色彩作品案例的研究为基础，激发学生的创作热情，建立良好的艺术品位，使个人的艺术个性得到充分的发挥和展现。

课题要求：

（1）结合印象派与抽象派等绘画方式，收集不同国家、城市、民族等有影响力的典型色彩作品的图片进行色彩的创意再造。

（2）作品要有一定的主题，创作内容需摆脱参考素材的内容限制，发挥个人的色彩想象力和创造力来完成。

（3）创作方式不限，可采用绘画、拼贴、肌理等表现手段。

案例解析：

图 2-43～图 2-45 的作品中分别以写实、装饰、归纳等艺术手法，以表现作者内心世界为主要创作内容，充分体现了个人对形态与色彩的认识与感受。

图 2-43 意向色彩创作 1（作者：吴子归 / 指导：刘畅）

图 2-44 意向色彩创作 2（作者：方丽薇 / 指导：刘畅）　　图 2-45 意向色彩创作 3（作者：符育铭 / 指导：刘畅）

联想是一种意象的思维活动，且带有幻想的色彩。而联想活动又分为再现想象和创造想象。前者是对物象记忆的联想，成为知觉想象，后者是在某种物象的刺激下产生的超越物象记忆的新审美形式的联想。意象联想是种创造思维训练，通过对物象的观察、分析、归纳、抽象等过程，然后用联想思维去打开神秘的意象空间。

通过对客观物象的观察分析产生丰富的联想，是意象形态（包括色彩）产生的必要过程，而联想的丰富性也使得意向的结果保有多样性，如我们对竹子的认识，它的竹节构造，使我们可以联想到节节高升，也可以联想到关节与结构的连接，是由物象的视觉形式而生发的联想。从中我们不难发现，此种联想在由一物向另一物转换时，原物象的造型特征，是它的结构形式重要的着眼点，也是物象变化转换的起点。因此，当将某个物象原有的造型转换为另一个物象的造型，使二者合为一体，相辅相成时，要对物像形式特征进行双向联系，即由被写生的某个物象之形式特征联想到另一个置换的物像形式特征，并通过对物像形式要素的组合，构成意向形态。

教学示例：

图 2-46～图 2-49 中，以人物"自画像"为主题，由于每位作者对于自己的特征与气质都十分了解，因此都能够从个人的角度出发，充分发挥自己的想象力来表达自己的内心世界以及各自眼中的自我形象，作品形式多样，内容丰富，创意感强。

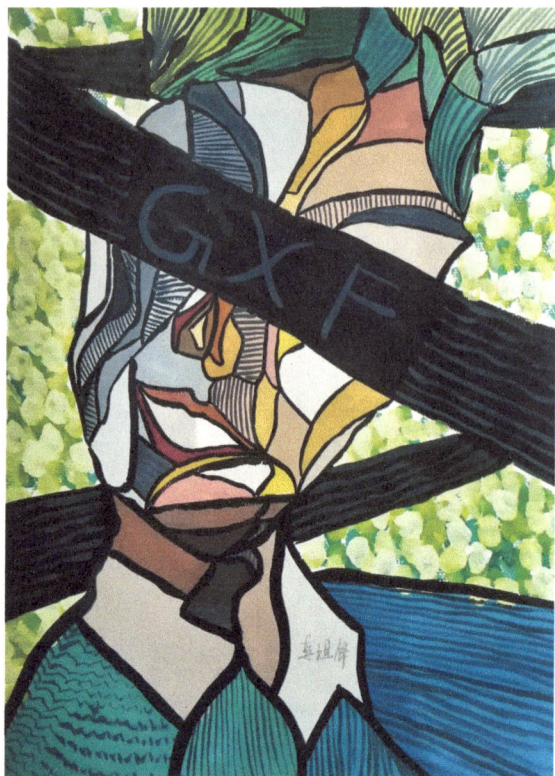

图 2-46 自画像创作 1（作者：龚旭锋 / 指导：刘畅）

图 2-47 自画像创作 2（作者：王辰宇 / 指导：刘畅）

图 2-48 自画像创作 3（作者：江于墨 / 指导：刘畅）

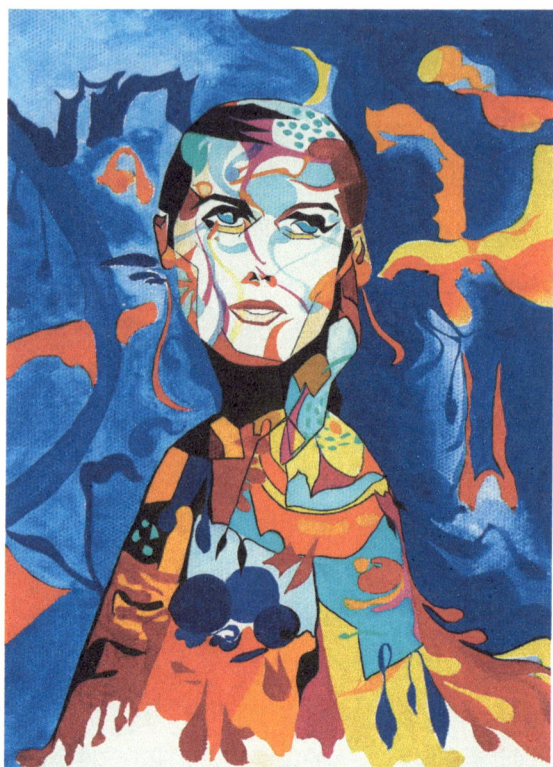

图 2-49 自画像创作 4（作者：陈欣妤 / 指导：刘畅）

2.4 材料色彩的运用——肌理与材料

课题描述：对肌理材质表现的训练也是学生认识肌理材质、表现肌理材质的必要过程。训练以实践性操作为主，挑选自己喜欢的色彩图片或艺术作品，总结这些图片的总体感官印象，用颜料及织物、金属、塑料、木材等多种材料进行画面的表现、解构、临摹等。通过本项课业训练，学生可以在日后的创作与设计创意的过程中，准确地抓住不同事物色彩各自的肌理材质特点，从而达到生动地利用、选择材料进行表现。

课题要求：

（1）表现的内容与主题可以是借鉴经典作品，也可以是自己的创意作品。

（2）材料选择要丰富，要与主题有很好的结合性，要具有形式美感。

（3）要充分利用材料的质感与特性进行创作，材料类型与手法不限，可设计制作三维模型。

（4）要根据规定尺寸设计画面，制作工艺精细，作品完成后需装裱。

案例分析：

图2-50中作品借鉴梵高的经典作品《星空》，利用彩色吸管为材料，通过色彩渐变、对比等手法对作品进行再演绎。图2-51中利用毛线、竹子、棉签等材料对植物的造型进行三维立体抽象表现，具有强烈的装饰效果。

图2-50 经典作品的材料再现　　　　　　图2-51 材料的三维表现

知识点：

（1）肌理

肌理是指形象表面的纹理。肌理又称质感，由于物体的材料不同，表面的组织、排列、构造各不相同，因而产生粗糙感、光滑感、软硬感。肌理可看作是制作手法与材质两个因素的综合表现。如画家特定的塑造方法、用笔；各种笔痕墨迹皴擦与渗化的细微变化；画布、扁笔、画刀及颜料所产生的笔触、刀痕、布纹等效果。又如动态的水纹、火纹、烟岚变幻、雨雪飘零、人为偶然产生的瓷器结晶釉等。它们生动、自然、新奇，能唤起作者和观者内心深处的幻想和联想，给人们独特的美感享受。肌理构成效果在现代设计中应用广泛，如园林、室内装饰、商品包装、服饰图案、产品设计等。

（2）肌理的种类

视觉肌理：通过眼睛就可以观察到的肌理（形和色），一般强调的是平面的肌理。

触觉肌理：用手触摸有凹凸、粗细感的肌理，一般强调的是立体的肌理。

人工肌理：经过人工再造的物质纹理形态。

自然肌理：自然界与生俱来的肌理。

（3）肌理制作

1）徒手描绘：最常见的表现形式工具如各种笔（铅笔、炭笔、钢笔、毛笔、排笔），板刷以及纸团、布团、泡沫塑料、刮刀、砂纸等。绘写工具如利用笔触的粗、细、硬、软、轻、重及笔触的不同排列，而描绘出不同的肌理效果。

2）依靠工具材料制作

拓印式：通过各种手段将原版上的固有肌理面貌或有取舍地拓印到实用的画面上来。

喷绘式：借助喷绘工具对画面进行肌理描绘。

滴溅式：将颜料滴、溅在画面上，另有甩、磕、泼等方法。

流淌式：将液体的颜色洒到画面上，任其自然流动或有意识地流动，而构成肌理画面。

烙烫式：借助电烙铁来烫制肌理画面的制作形式。

拼贴式：用"拼"和"贴"的形式来组织肌理效果。

刮刻式：利用刮刀和刻刀对画面进行处理所得到的肌理效果。

雕凿式：将平整的构成材料表面经雕凿等手段加工修饰成符合设计意图的肌理状，或保持原材料的本色或再喷绘其他颜色改变原材料的本色的制作方式。

镶嵌式：按设计意图将原材料直接镶嵌在平整的画面上的肌理。

组装式：将呈现触感肌理的自然物种或数种置入有形或无形的画面框架中的肌理制作。

教学示例：

图 2-52～图 2-53 为采用不同材料和方法设计制作的壁饰作品，在题材上有原创类内容，也有借鉴经典作品的再创作作品。

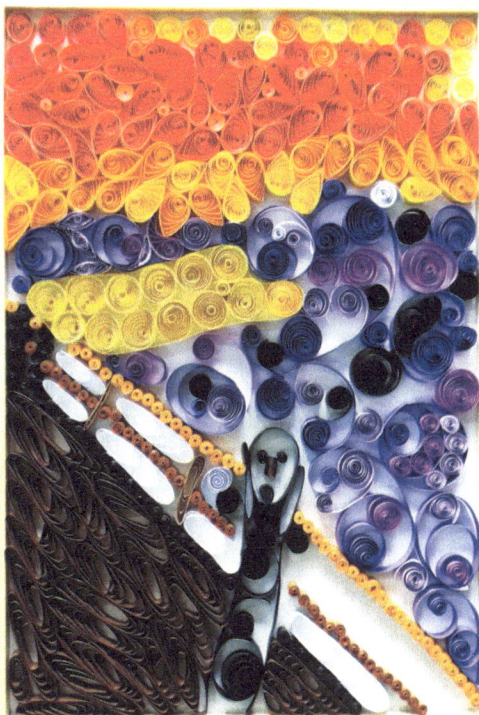

图 2-52 经典绘画作品的材料再现（作者：郑靖延等 / 指导：刘畅）

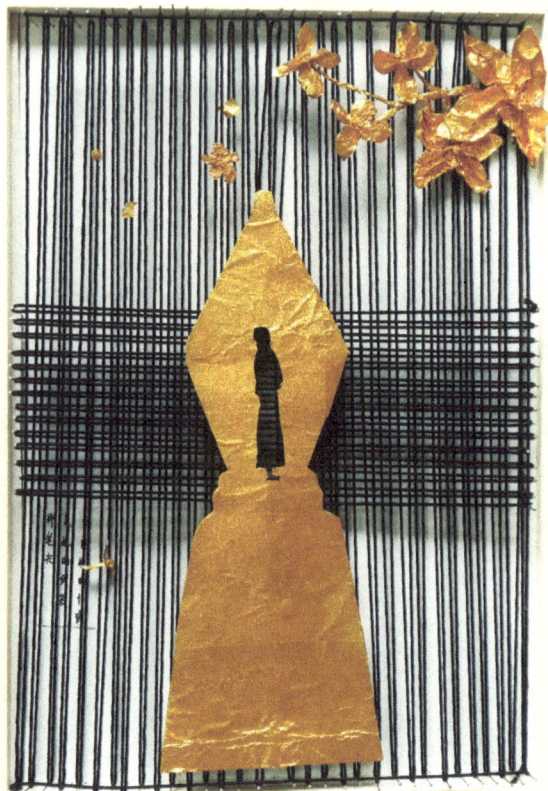

图 2-53　材料色彩的创意表达（作者：李星羽等 / 指导：刘畅）

第 3 章　色彩的采集应用与配色实训

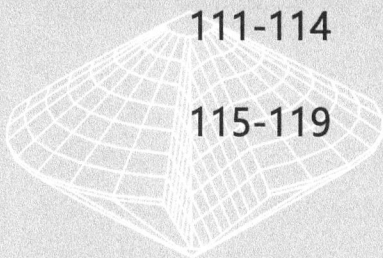

第3章　色彩的采集应用与配色实训

3.1　产品设计中的色彩应用

导论

色彩在整个产品的形象中的观感十分重要，可以说是"先声夺人"。产品的种类繁多，造型千姿百态，色彩琳琅满目，优秀的色彩设计，可以增加产品的特色，弥补不足，提高产品附加值，博得消费者的青睐。反之，不但破坏了产品造型的整体美，而且很容易破坏人的情绪，使人出现一些枯燥、沉闷、冷漠，甚至沮丧的心情。所以，产品的造型中，色彩设计是一项不容忽视的重要工作，其色调的选择是至关重要的。

课题描述： 分别选择经典的传统、自然、民族、文化色彩图片，将其中主要色彩采集出来，选择或自己设计一种产品线框图，将采集的色彩通过自己的整理应用到相应的设计题材中去，完成一个具有艺术感的产品色彩设计方案，并要附上简要的设计说明。

训练目的： 通过本任务的练习，培养学生的产品设计能力和色彩配色能力，让学生理解色彩不仅能够美化产品，还可以增加产品的附加值，提高产品的市场竞争力，并能根据不同的消费产品为群体和空间设计出不同的色彩配色方案。

课题要求： 分析产品的功能与定位，选择适合的色彩采集来源，配色具有一定的形式美感与创意，要求色彩转换自然，适合产品，富有创意。版面要求包括：作业名称、作业要求、配色说明（可根据版面适当调整位置）、采集原始图案、提取色条、应用方案（A3版面大小）。

案例分析：

图 3-1 中以颐和园、故宫元素为题材的各品牌跨界文创产品设计，分别为与天猫合作的百鸟朝凤手账，图案来源于颐和园乐寿堂内的粤绣屏风《百鸟朝凤》图；与网易严选合作推出的六（鹿）合（鹤）太平行李箱，取意颐和园乐寿堂前的铜鹿、鹤、瓶，寄寓勇敢追梦、自由平安的美好寓意；与美图合作的团扇和限量版手机；国产品牌百雀羚和故宫合作推出的彩妆——雀鸟缠枝宫廷系列，礼盒做成了双层铜胎掐丝妆盒，色彩以华贵的翡翠绿为主色调，配以玉兰缠枝纹、雀鸟纹，灵感来自古代贵族女子佩戴的金饰。这些产品都将现代时尚的产品巧妙地与传统相结合，既充满了东方美学又迎合了当下年轻人的喜好，如图 3-1。

教学示例：

图 3-2～图 3-6 中以工业产品、家具产品、饰品等产品为色彩搭配对象，分别与采集于经典的传统色彩、自然色彩、民族色彩、文化色彩中的精华内容进行自由匹配，在选色过程中，产品的种类、用途和特征是选择采集色彩的重要考虑因素，因此，虽然是自由搭配，要体现强烈的创意感，但仍要考虑色彩应用的"适用性"这一重要原则。

图 3-1 颐和园、故宫文创系列产品

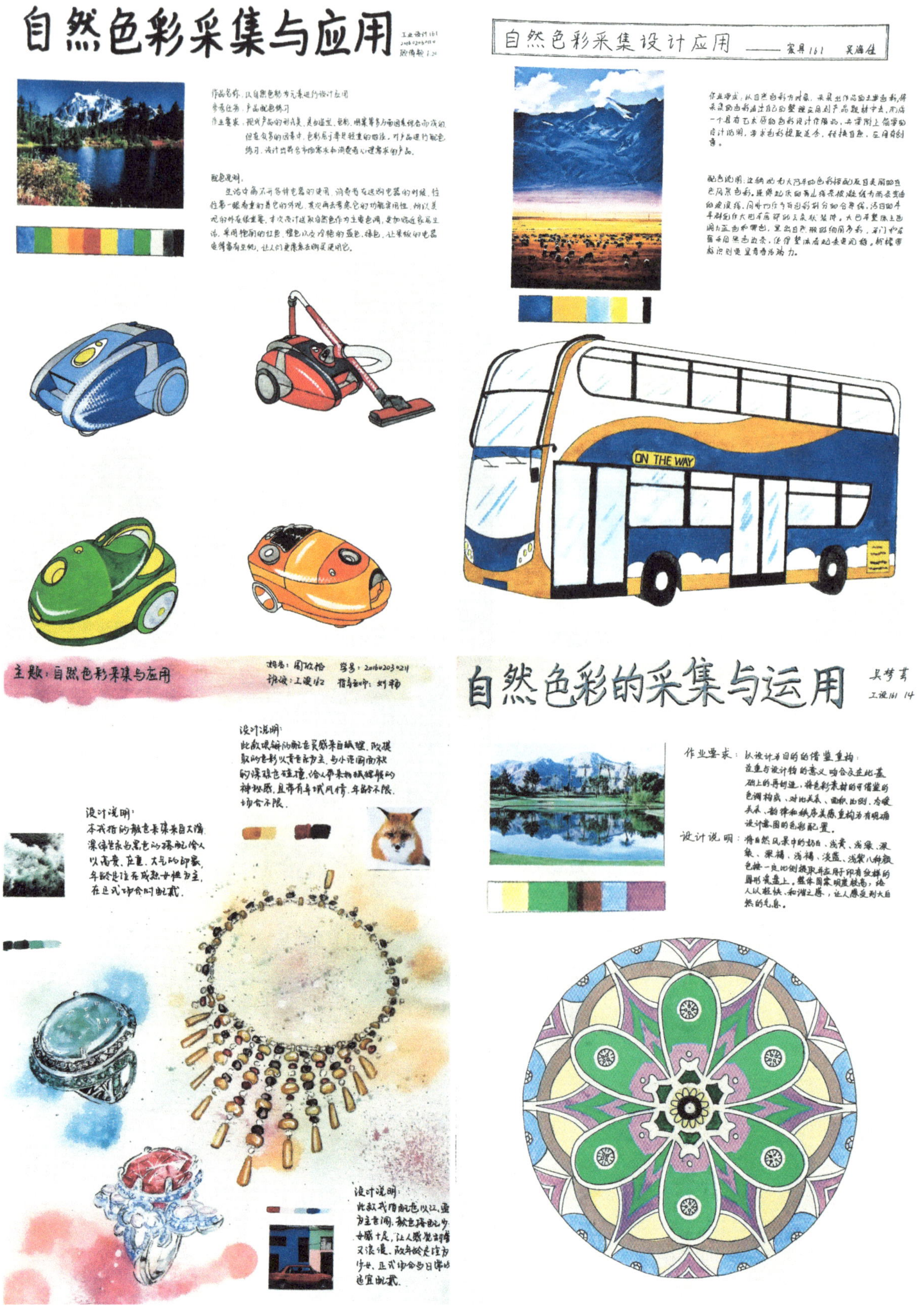

自然色彩采集与应用

自然色彩采集设计应用 —— 家具161 吴海佳

主题：自然色彩采集与应用

自然色彩的采集与运用

图3-2 工业产品色彩采集搭配作业1（作者：顾倩颖、吴海佳、周欣怡、吴梦芸 / 指导：刘畅）

文化色彩的采集與運用

二十四节气·立春
start of spring

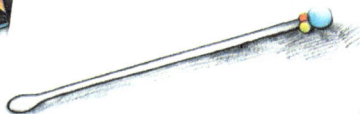

文化色彩采集应用

传统色彩彩集设计应用

文化色彩彩集设计应用

设计说明

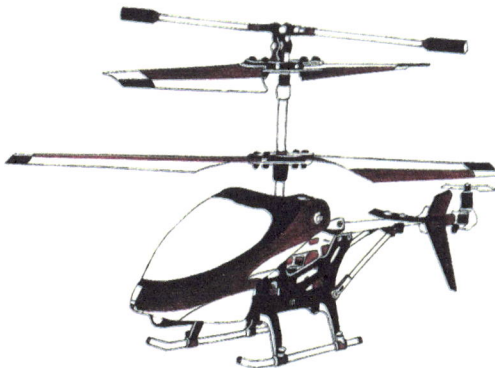

作业要求

图3-3 工业产品色彩采集搭配作业2（作者：陈欣妤、於莉霞、王朵朵/指导：刘畅）

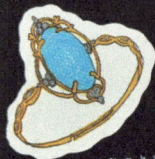

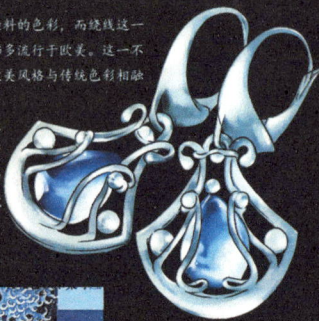

图3-4 工业产品色彩采集搭配作业3（作者：陈欣妤、王思棣、林婷雯、朱新异 / 指导：刘畅）

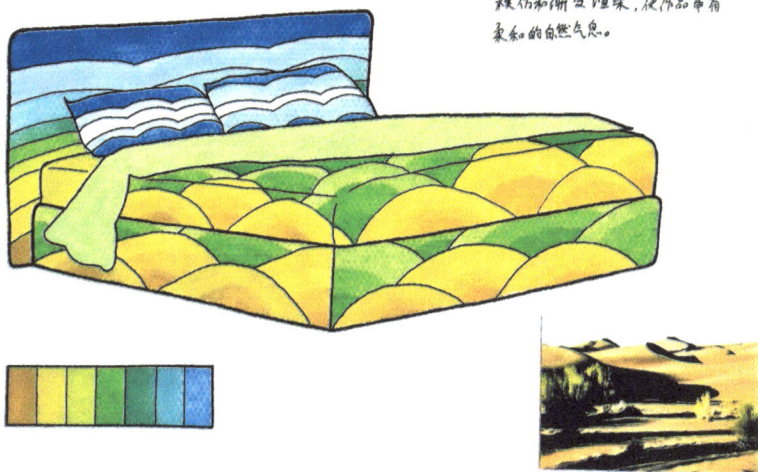

图 3-5　家具产品色彩采集搭配作业 1（作者：刘灵 / 指导：刘畅）

图 3-6　家具产品色彩采集搭配作业 2（作者：李霏霏 / 指导：刘畅）

3.2 服装设计中的色彩应用

导论

服装色彩是服装第一感官印象，具有非常重要的作用。色彩对于服装的作用主要体现在功能实用性与精神需求两个层面。功能性主要体现在对使用人群的职业、年龄、性别、气质及特种环境等方面的色彩要求。精神性则是指服装的色彩能否满足消费者的审美心理需求，如图 3-7 以低纯度色彩为主的秋冬系列服饰和图 3-8 以高纯度色彩为主的运动系列服饰。不同时代、不同社会背景的人群对服装色彩的审美倾向会有很大的不同，它既有传统文化的因素又受潮流演变的影响，也形成了多种个性化喜好的服装消费。因此，学习不同民族以及人群的色彩文化、心理喜好、审美需求等知识，才能够合理地运用色彩，把握流行趋势，做出富有创意的设计。

课题描述：分别选择经典的传统、自然、民族、文化色彩图片，将其中主要色彩采集出来，以服装为内容设计适合这些产品的色彩与图案，将采集的色彩经过自己的设计恰当地与产品图案相结合，完成一个具有特色的服装色彩搭配方案。

训练目的：通过本内容的练习，培养学生的服装色彩配色能力，让学生理解色彩不仅能够美化服装，还可以增加服装的附加值，提高产品的市场竞争力，掌握根据不同的消费群体和类别设计不同的色彩配色方案的方法。

课题要求：分析所选择的服装的功能与定位，选择适合的色彩采集来源，配色具有一定的形式美感与创意，要求色彩转换自然，适合服装产品种类，富有创意，版面要求包括：作业名称、作业要求、配色说明（可根据版面适当调整位置）、采集原始图案、提取色条、应用方案（A3 版面大小）。

教学示例：

图 3-9、图 3-10 为分别以文化、自然、传统等色彩为采集对象的服装色彩应用设计。

图 3-7 鄂尔多斯 2017 秋冬服装色彩

图 3-8 李宁 2018 时装周服饰配色

文化色彩采集与应用　　工业设计161 刘雨菡 201602030123

自然色彩采集与应用

作业名称：文化色彩的设计应用
作业要求：选择一张名家的艺术创作图片，采集出其作品的主要色彩，设计出适合的图案，将采集的色彩与自己设计的图案相结合，应用于服装上，完成一个具有艺术气息的服装配色设计，并要附上100字左右的设计说明，要求色彩转换自然、适合，富有创意。

设计说明：对梵高的作品《鸢尾花》进行了色彩采集和分析。
因为是秋冬款式的棉服外套，所以选择以有暖色倾向的黄色为主，用属于冷色的蓝色绿色作为图案点缀。
主体图案设计为晶格化的鸢尾花，致敬大师梵高。领口和口袋都使用晶格色块，呼应主体更有活力，扣子腰带的颜色以原作中使用比例较小的群青和灰蓝色，有点睛的作用。

作业要求：
以设计为目的借鉴重构
这里对设计物的意义内含以及在此基础上的再创造，将色彩资材的可借鉴的色调构成。对比关系、面积比例、冷暖关系、韵律和秩序是色彩构为有明确设计意图的色彩配置

设计说明：
考虑到今年的流行色"紫外光色"，就以此为主色调设计了这款蓝紫色为主的纱裙。灵感源于繁星闪烁的星空，纱半透明的薄纱，营造梦幻莫测的蓝紫色

工业设计17
朱新异

文化色彩的采集与应用

姓名：黄思美
班级：物设17
学号：2017021705 17
指导老师：刘畅
日期：2018年10月26日

文化色彩的应用与采集　　景观设计17 王思棣 2016.9.23

作品名称：青花少女

作品名称：文化色彩主题敬爱文化甲

图 3-9　服装色彩采集搭配作业 1（作者：刘雨菡、朱新异、黄思美、王思棣 / 指导：刘畅）

图3-10　服装色彩采集搭配作业2（作者：盛焰焰、李星羽、陈旭、周欣怡／指导：刘畅）

3.3 箱包、鞋帽设计中的色彩应用

导论

　　丰富的色彩传递着各种不同的情趣，展示着不同的品质风格和装饰魅力。对于以功能性与装饰性并重的产品，其色彩无疑是第一重要的因素，在当今时尚潮流文化的影响下，箱包、鞋帽等配饰性的产品设计不仅要保持流行性，还要考虑消费者的心理并保持一定的独特性。因此建立理性而独特的色彩视角，积极寻找色彩设计的理性与感性的共鸣，是设计师要不断追求的目标。

　　课题描述： 分别选择经典的传统、自然、民族、文化色彩图片，将其中主要色彩采集出来，以箱包、鞋帽等产品为内容，设计适合这些产品的色彩与图案，将采集的色彩经过自己的设计恰当地与产品相结合，完成一个具有特色的产品色彩搭配方案。通过练习，培养学生的产品设计能力和色彩配色能力，让学生理解色彩不仅能够美化产品，还可以增加产品的附加值，提高产品的市场竞争力，并能根据不同的消费群体设计不同的色彩配色方案。

　　课题要求： 分析产品的功能与定位，选择适合的色彩采集来源，配色具有一定的形式美感与创意，要求色彩转换自然，适合产品，富有创意。版面要求包括：作业名称、作业要求、配色说明（可根据版面适当调整位置）、采集原始图案、提取色条、应用方案（A3 版面大小）。

　　教学示例：

　　图 3-11～图 3-14 中分别采集了各类传统、民族、文化与自然的色彩，根据不同箱包、鞋子的种类进行色彩的应用设计。

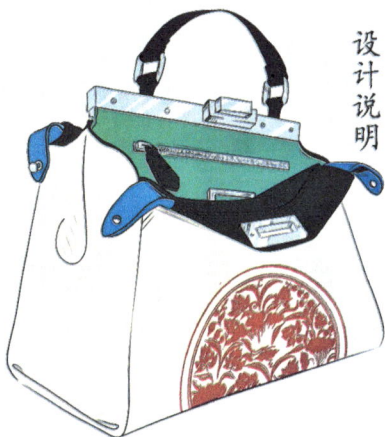

图 3-11　箱包、鞋子色彩采集配色练习 1

（作者：朱新异 / 指导：刘畅）

传统色彩的采集与运用

课题：文化色彩采集与应用　　　工业设计161　陈旭

民族色彩采集与运用

民族色彩采集设计应用

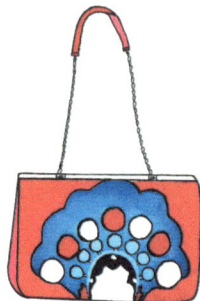

图3-12　箱包、鞋子色彩采集配色练习2（作者：吴梦芸、陈旭、刘灵、华晓洁／指导：刘畅）

图 3-13　箱包、鞋子色彩采集配色练习 3（作者：吴子归、谢梦芸、朱彬杰 / 指导：刘畅）

文化色彩采集应用

主题：民族色彩采集与应用

作业要求：以文化色彩为对象，采集出作品的主要色彩，将采集的色彩通过自己的整理应用到相应的设计题材中去，完成一个具有本我感的色彩设计作品，并重附上简要的设计说明。重要色彩提取准去，转换自然，应用到位。

配色说明：提取动漫卡通文化中米老鼠形象的配色，应用到运动鞋上，经典而又富有趣味性。

班级：视觉161 姓名：於莉霞
学号：20160209104 指导老师：刘畅

设计说明：
此款高跟鞋的色彩来自一幅民族围巾，根据大量高饱和度的色彩（红、绿、黄、蓝等），色彩丰富，鲜艳，突出了民族特色的同时，又展现出高跟鞋的时尚感，让其重新焕发新制权。

应用方案：

提取色彩

文化色彩采集与应用

作者：欣晶
上海视觉设计师
2016年月日 14时

指导老师：刘畅

把不安抚温暖，放在鞋上。

是接达到作是个偶然，在刷做得的时候看到有只信箋：高图作用内更就走进水了，反美在贵：高女多画，在中，春到了这一幅，蓝色背景下的红花开得很美，看见就觉得如此很好。所以也想把这个温暖放在鞋上。

自然色彩的采集与运用

作业要求：
以自然色彩为对象，采集出作品的主要色彩，将采集的色彩通过自己的整理应用到相应的设计题材中去，完成一个具有本我感的色彩作品，并附上简要的设计说明，重要色彩提取准去，转换自然，应用到位。

设计说明：
本设计以"自然"为主题，取"天之蓝"与"雪山之白"为主要色彩，通过改变蓝白色彩比例，叠加出不同的色彩效果，蓝白间的调和，使鞋身给以似雪山般的清逸之感，少量黑色的点缀维持视觉上的平衡感，本品的设计更励运动爱好者走进"自然"。

图3-14 箱包、鞋子色彩采集配色练习4（作者：於莉霞、周欣怡、张晶、王媛媛／指导：刘畅）

3.4 建筑、店面、室内设计中的色彩应用

导论

色彩是设计活动中最直观、最易影响人们心理的因素，人们在某一环境或空间中的第一感觉往往是由色彩决定的。好的空间色彩设计不仅能够吸引视觉注意，更能够营造舒适、愉悦的心理效应。特别是在商业环境中展示空间的艺术感染力、营造购物氛围、突出商品特色、激发购买欲望，这中间都离不开色彩设计的重要作用。

课题描述： 分别选择经典的传统、自然、民族、文化色彩图片，将其中主要色彩采集出来，以建筑、室内、店面等为内容设计适合它们的色彩与图案，将采集的色彩经过自己的设计恰当地与产品图案相结合，完成一个具有特色的色彩搭配方案。

训练目的： 通过本内容的练习，培养学生的室内外环境色彩配色能力，让学生理解色彩不仅能够美化建筑外观，还可以增加门店的经济效益，提高产品的市场竞争力，并能根据不同的消费空间设计不同的色彩配色方案。

课题要求： 分析不同环境的功能与定位，选择适合的色彩采集来源，配色具有一定的形式美感与创意，要求色彩转换自然，适合产品，富有创意。版面要求包括：作业名称、作业要求、配色说明（可根据版面适当调整位置）、采集原始图案、提取色条、应用方案（A3 版面大小）。

教学示例：

图3-15～图3-19中的店面、建筑外观色彩与室内、家具色彩设计同样采集于自然、文化、民族、城市等经典色彩。

图 3-15　店面色彩采集搭配作业 1（作者：盛焰焰 / 指导：刘畅）

设计应用 文化色彩采集

自然色彩的采集与运用

自然色彩采集应用

自然色彩的采集与应用

图3-16　店面色彩采集搭配作业2（作者：刘灵、方丽薇、於莉霞、董婷婷 / 指导：刘畅）

作业要求:
以自然色彩为对象,采集出作品的主色彩,将采集的色彩通过自己的整理应用到相应的设计题材中,完成一个具有艺术感的色彩设计作品。

设计说明:
将自然风景中的色彩应用到海边店面中。

图 3-17 店面色彩采集搭配作业 3（作者：李星羽、江于墨、陈欣妤 / 指导：刘畅）

自然色彩是来源于《国家地理》中一块梯田的照片，颜色渐变的绿色山峦，配上亮色的树木以及淡淡的白色云烟，使得整幅画面十分协调，又十分时尚。将这些颜色应用在门店装饰，使得门面的色彩十分的鲜艳。相近色的应用，使得店面的每一面玻璃都变得灵动，让平淡中增添一丝新意。

作品名称：自然色彩的采集与应用·门店
作者：邢炜
班级：高展172班
学号：2017021705B
时间：2018年11月2日
指导老师：刘畅.

自然色彩

图3-18 建筑外观色彩采集搭配作业（作者：邢炜 / 指导：刘畅）

图 3-19 室内、家具色彩采集搭配作业（作者：盛焰焰、朱彬杰、王媛媛、邢炜 / 指导：刘畅）

参考文献

[1] 单汝忠，钱芳兵. 设计色彩 [M]. 北京：中国水利水电出版社，2012.

[2] 张如画，刘伟. 设计色彩与构成 [M]. 北京：清华大学出版社，2010.

[3] 邵永红. 设计色彩训练教程 [M]. 合肥：合肥工业大学出版社，2016.

[4] 林家阳，鲍峰，张奇开. 设计色彩 [M]. 北京：高等教育出版社，2005.

[5] 刘宝岳. 色彩构成设计 [M]. 北京：中国建筑工业出版社，2005.

[6] 钟蜀珩. 新编色彩构成 [M]. 沈阳：辽宁美术出版社，1999.

[7] 李莉婷. 设计色彩 [M]. 武汉：湖北美术出版社，2010.

[8] 黄木村. 色彩再生论 [M]. 北京：清华大学出版社，2010.

[9] 陈根. 色彩设计 [M]. 北京：化学工业出版社，2015.